SAAS PRODUCT METHODOLOGY
Introduction, Implementation, and Advancement

产品管理与运营系列丛书

SaaS产品方法论
入门、实战与进阶

饶森林 著

CHINA MACHINE PRESS

图书在版编目（CIP）数据

SaaS 产品方法论：入门、实战与进阶 / 饶森林著 . —北京：机械工业出版社，2024.7
（产品管理与运营系列丛书）
ISBN 978-7-111-75863-1

Ⅰ.①S… Ⅱ.①饶… Ⅲ.①企业管理–应用软件 Ⅳ.①F272.7-39

中国国家版本馆CIP数据核字（2024）第099972号

机械工业出版社（北京市百万庄大街22号　邮政编码100037）
策划编辑：杨福川　　　　　　　　责任编辑：杨福川　董一波
责任校对：肖　琳　张昕妍　　　　责任印制：李　昂
河北宝昌佳彩印刷有限公司印刷
2024年7月第1版第1次印刷
170mm×230mm・17.5 印张・230 千字
标准书号：ISBN 978-7-111-75863-1
定价：99.00 元

电话服务	网络服务
客服电话：010-88361066	机 工 官 网：www.cmpbook.com
010-88379833	机 工 官 博：weibo.com/cmp1952
010-68326294	金 书 网：www.golden-book.com
封底无防伪标均为盗版	机工教育服务网：www.cmpedu.com

前 言

为何写作本书

从事SaaS产品工作有7年的时间了,陆陆续续写了一些关于产品的总结文章,发表在"人人都是产品经理"论坛上,有一些论坛的读者看到我的文章,加了我的联系方式与我交流,他们对写作的内容给予了肯定,认为我的文章对于SaaS产品工作很有帮助,这让我有了继续写下去的动力,但从未想过写一本书。

直到机械工业出版社的杨福川老师找到我,告诉我可以写一本书将这些文章分享出来,这对SaaS行业的发展有帮助,同时我自己在SaaS产品方面的思考也会更加系统。于是,我有了写书的念头,但担心时间不够,无法专心投入写作,后来跟家人和团队伙伴沟通,他们都鼓励我去做这件有意义的事情,遂下定决心,开始动笔。

本书主要内容

本书主要分享做一款SaaS产品的过程和方法。

第1章概括SaaS和SaaS产品,使读者了解SaaS是什么。

第2至8章,描述整个SaaS产品的打造过程,涉及需要经历的主要环节和注意事项，帮助读者快速了解产品的构建过程以及 SaaS 产品的特定要求。

第 9 章介绍产品运营工作的流程和方法。

第 10 章浅析数据分析方法对 SaaS 产品发展的助力，以及如何在 SaaS 产品中利用好数据分析方法。

第 11 章阐述人工智能（AI）技术对 SaaS 产品带来的影响。AI 在企业端落地将能够大幅提升工作效率和使用体验，应该去寻找 AI 技术可落地的场景。

第 12 章探讨 SaaS 平台的未来发展方向。

本书读者对象

本书主要讲如何做 SaaS 产品，SaaS 产品相关的从业者、对 SaaS 产品感兴趣的读者、SaaS 公司业务管理人员等都适合阅读本书，但可以根据阅历、专业方向和兴趣点不同，有选择地阅读。比如：对于有一定工作经验的 SaaS 产品经理来说，SaaS 产品流程部分可以略过或者粗读，主要关注后几章；对于运营人员来说，可以重点关注第 2 至 9 章；对于业务管理人员来说，可以关注第 1 章和第 8 章。

致谢

在写作本书的过程中，我得到了公司团队和家人的大力支持，他们是我最坚强的后盾。

感谢我的老朋友、领路人付少庆和郭东明先生，我们一起在 SaaS 的赛道上并肩作战多年。

感谢我所在公司的董事长阚振芳先生，他给予我机会、资源以及充分的授权，让我得以实施自己的产品理念。

感谢"人人都是产品经理"论坛和知乎论坛，它们为广大的从业者提供了很好的学习和交流平台，我个人的成长也离不开这些平台上的行业前辈的分享和指导。

我从事 SaaS 行业时间尚短，能力有限，书中所述未必贴合读者的实际情况，所以恳请读者以审慎的态度去阅读本书，保持独立思考，对于错漏或不妥的地方，欢迎多提意见。如有问题，欢迎大家反馈至我的邮箱（邮箱地址：raosenlin1223@126.com）。

饶森林

目 录

前言

第 1 章　了解 SaaS 及 SaaS 产品 1

1.1　全面了解 SaaS 1
1.1.1　什么是 SaaS 2
1.1.2　软件的分类和发展历程 2
1.1.3　如何理解 SaaS 4
1.1.4　从客户和服务商的角度看 SaaS 的特点 6

1.2　SaaS 产品与传统软件产品 10

1.3　SaaS 与 PaaS 12
1.3.1　关于 XaaS 12
1.3.2　PaaS 平台的发展 13
1.3.3　SaaS 与 PaaS 的关系 14

1.4　SaaS 平台的优势和局限性 15
1.4.1　SaaS 平台的 6 个优势 15
1.4.2　SaaS 平台的 7 个局限性 18

1.5　本章小结 21

第 2 章　SaaS 产品战略规划 22

2.1 产品战略的 6 个方面 23
2.1.1 了解外部环境 23
2.1.2 了解公司战略 25
2.1.3 确定目标用户 26
2.1.4 明确产品定位 26
2.1.5 了解商业模式 27
2.1.6 了解产品生命周期 28

2.2 产品规划的 5 个步骤 29
2.2.1 明确业务目标 30
2.2.2 调研用户需求 30
2.2.3 制订实现方案 32
2.2.4 确定优先级 34
2.2.5 确定里程碑 35

2.3 产品的建设过程 37
2.3.1 建设流程 37
2.3.2 迭代开发 39

2.4 SaaS 产品建设的 4 个环节 41
2.4.1 需求环节 42
2.4.2 设计环节 43
2.4.3 研发环节 45
2.4.4 运营环节 47

2.5 战略规划的 5 个实用工具 47
2.5.1 SWOT 分析 48
2.5.2 PEST 分析 50
2.5.3 波士顿矩阵法 50
2.5.4 波特五力分析 52

2.5.5　竞争战略分析 54
2.6　本章小结 56

第 3 章　产品调研 57

3.1　什么是产品调研 57
3.2　需求调研 58
　　3.2.1　需求调研的意义 58
　　3.2.2　需求调研的过程 59
　　3.2.3　需求调研计划 60
　　3.2.4　需求调研的执行过程 63
　　3.2.5　需求调研的结果汇总 65
　　3.2.6　需求调研的反馈 66
3.3　竞品分析 67
　　3.3.1　分析目的 68
　　3.3.2　选取竞品 68
　　3.3.3　信息获取 68
　　3.3.4　分析维度 70
　　3.3.5　分析报告 73
3.4　常用调研方式的优缺点 73
　　3.4.1　用户访谈 73
　　3.4.2　产品体验 75
　　3.4.3　问卷调查 76
3.5　SaaS 产品调研的注意事项 77
　　3.5.1　寻找典型用户 77
　　3.5.2　用户的回答并非真相 78
　　3.5.3　数据会"说谎" 79
3.6　本章小结 79

第 4 章 需求管理 81

4.1 什么是需求 81
4.1.1 需求的分类 82
4.1.2 需求的层次 82
4.2 需求的来源 84
4.3 收集需求记录 86
4.4 需求管理过程 87
4.4.1 给需求分类 87
4.4.2 确定需求优先级 92
4.5 需求变更管理 93
4.5.1 需求变更的原因 94
4.5.2 如何应对需求变更 95
4.5.3 需求变更的流程 95
4.6 需求的反馈及后续处理 96
4.7 本章小结 97

第 5 章 产品设计与评审 98

5.1 定义需求场景 99
5.2 产品设计的原则 99
5.3 产品架构设计 102
5.3.1 业务架构对产品设计的影响 103
5.3.2 产品架构 105
5.4 产品流程设计 112
5.5 产品需求文档 114
5.5.1 需求文档的 7 个重要部分 115
5.5.2 编写需求文档的 6 个技巧 117

5.6 产品评审 ·· 119
　　5.6.1 确定与会人员 ·· 120
　　5.6.2 评审会准备 ·· 120
　　5.6.3 评审会注意事项 ·· 121
　　5.6.4 评审会后的工作 ·· 123
5.7 产品跟进阶段的工作 ·· 124
5.8 UI 设计的主要工作 ··· 124
　　5.8.1 工作职责 ·· 124
　　5.8.2 设计要求 ·· 125
5.9 本章小结 ·· 131

第 6 章　产品研发 ·· *132*

6.1 需求评估的注意事项 ·· 132
6.2 技术设计 ·· 134
　　6.2.1 技术架构 ·· 134
　　6.2.2 技术选型 ·· 139
　　6.2.3 概要设计 ·· 140
　　6.2.4 详细设计 ·· 141
6.3 基于敏捷开发的研发过程管理 ······································ 145
　　6.3.1 敏捷开发的 3 个核心特点 ···································· 146
　　6.3.2 敏捷开发的重点管理事项 ···································· 147
6.4 开发过程的 2 个重要节点 ·· 150
　　6.4.1 联调 ·· 151
　　6.4.2 提测 ·· 152
6.5 本章小结 ·· 152

第 7 章　产品测试 ·· *153*

7.1 测试的分类 ·· 153

		7.1.1 功能测试	154
		7.1.2 性能测试	155
		7.1.3 自动化测试	156
	7.2	功能测试的主要工作	157
		7.2.1 测试计划制订	158
		7.2.2 测试用例编写	158
		7.2.3 测试用例评审	160
		7.2.4 测试用例执行	160
		7.2.5 测试报告总结	161
	7.3	性能测试的主要工作	162
		7.3.1 测试场景分析	163
		7.3.2 测试脚本编写	163
		7.3.3 测试环境准备	164
		7.3.4 性能测试执行	166
		7.3.5 测试报告总结	166
	7.4	自动化测试的主要工作	167
		7.4.1 选择合适的场景	167
		7.4.2 测试用例设计	168
		7.4.3 测试脚本编写	169
		7.4.4 测试脚本执行	170
	7.5	SaaS 产品对测试工作的要求	170
	7.6	本章小结	173

第 8 章 产品上线 …… 174

8.1	产品上线流程	174
8.2	产品验收	175
	8.2.1 产品经理验收	175

8.2.2　业务验收 ·· 176
8.3　产品发布 ··· 177
　　8.3.1　准备发版通知 ·· 177
　　8.3.2　升级准备工作 ·· 177
　　8.3.3　系统预发布 ·· 178
　　8.3.4　产品全面发布 ·· 179
　　8.3.5　线上验证 ·· 180
8.4　上线通知 ··· 180
8.5　产品培训 ··· 181
　　8.5.1　预约时间 ·· 181
　　8.5.2　培训资料准备 ·· 182
　　8.5.3　培训组织 ·· 182
　　8.5.4　产品培训 ·· 182
8.6　本章小结 ··· 183

第 9 章　产品运营　　　　　　　　　　　　　　　　　　　　　　　184

9.1　运营工作简介 ··· 185
　　9.1.1　运营工作的内容 ·· 185
　　9.1.2　运营工作的核心指标 ·· 185
9.2　获客策略 ··· 186
　　9.2.1　平台引流 ·· 186
　　9.2.2　代理商拓客 ·· 187
9.3　最佳实践 ··· 188
　　9.3.1　从客户中来 ·· 188
　　9.3.2　到客户中去 ·· 188
9.4　运营流程 ··· 189
　　9.4.1　组织建设 ·· 189

	9.4.2	运营所需产品建设	190
	9.4.3	主要流程	190
9.5	售后服务		192
	9.5.1	服务机制	192
	9.5.2	服务评价	193
9.6	案例复盘		193
	9.6.1	定位	194
	9.6.2	产品实现	194
	9.6.3	产品和运营协作	195
	9.6.4	拓客策略	196
	9.6.5	经验教训总结	196
9.7	本章小结		197

第 10 章 SaaS 产品数据分析 *198*

10.1	数据分析在 SaaS 产品中的应用		198
	10.1.1	产品指标分析	199
	10.1.2	经营指标分析	200
	10.1.3	用户画像	203
10.2	指标与标签设计		205
	10.2.1	指标的定义与分类	205
	10.2.2	标签的定义与分类	206
	10.2.3	指标和标签的区别	207
	10.2.4	如何设计指标	208
	10.2.5	如何设计标签	212
10.3	数据分析平台的搭建过程		214
	10.3.1	数据输入	215
	10.3.2	数据仓库	216

  10.3.3 数据应用 ·· 221
10.4 7 种常见的数据分析方法 ··· 224
  10.4.1 逻辑树分析法 ·· 224
  10.4.2 多维度拆解分析法 ·· 225
  10.4.3 假设检验分析法 ·· 225
  10.4.4 RFM 分析法 ··· 227
  10.4.5 漏斗分析法 ··· 228
  10.4.6 因果分析法 ··· 229
  10.4.7 对比分析法 ··· 230
10.5 数据分析工作感悟 ··· 230
10.6 本章小结 ·· 232

第 11 章　SaaS 与 AI ·· *233*

11.1 AI 的主要能力 ·· 233
  11.1.1 计算机视觉 ··· 234
  11.1.2 自然语言处理 ·· 235
  11.1.3 语音识别 ·· 235
11.2 AI 的主要学习方式 ·· 236
  11.2.1 机器学习 ·· 236
  11.2.2 深度学习 ·· 237
11.3 AI 在 SaaS 中的应用场景 ·· 238
  11.3.1 产品能力提升 ·· 238
  11.3.2 SaaS 产品营销 ·· 240
  11.3.3 智能客服 ·· 241
  11.3.4 数据分析 ·· 241
11.4 AI 在 SaaS 产品中面临的 3 个挑战 ······································· 242
  11.4.1 数据隐私和安全 ·· *242*

11.4.2　技术集成 242
　　　11.4.3　数据质量问题 243
　11.5　AI 在 SaaS 发展中的作用 243
　11.6　本章小结 245

第 12 章　SaaS 平台展望　246

　12.1　企业的需求 246
　　　12.1.1　开源 247
　　　12.1.2　节流 247
　　　12.1.3　合规 247
　12.2　企业服务的 3 个特点 248
　　　12.2.1　"慢" 248
　　　12.2.2　过度定制 249
　　　12.2.3　场景化要求高 249
　12.3　企业选择企业服务的痛点 250
　12.4　SaaS 行业的困境 252
　12.5　对 SaaS 平台建设的建议 253
　　　12.5.1　技术场景化 253
　　　12.5.2　产品即服务 254
　　　12.5.3　打造公信力 255
　12.6　中小型企业视角预测 SaaS 平台的未来 255
　　　12.6.1　众多中小型企业需要一站式服务 256
　　　12.6.2　建设企业操作系统的思考 257
　　　12.6.3　SaaS 平台走向的预测 258
　12.7　大中型企业视角预测 SaaS 平台的未来 258
　12.8　本章小结 259

后记　260

第 1 章

了解 SaaS 及 SaaS 产品

自 1998 年以来，SaaS 的概念已经存在了 20 多年，而在中国，SaaS 的引入也已有十多年的历史。在本章中，我们将对 SaaS 进行基本介绍，以便一起了解和分析 SaaS 的一些特点。

1.1 全面了解 SaaS

1998 年秋季，甲骨文公司的副总裁马克·贝尼奥夫提出了一个具有颠覆性的软件模式，即使用者无须在计算机上安装任何软件，只需要连接到网络，通过浏览器就可以使用各种软件功能。贝尼奥夫坚信，投入这个模式有机会成为软件产业的老大。于是在 1999 年，他宣布将"颠覆软件产业"，并以 3400 万美元作为起步资金，在他家附近租了一间公寓，成立了 Salesforce 公司。

如今 20 多年过去了，虽然贝尼奥夫尚未实现他的宏伟目标，但 Salesforce 公司的市值已经超过了甲骨文公司（Oracle）。具体来说，截至 2021 年 8 月，Salesforce 公司的市值约为 2660 亿美元，而 Oracle 公司的市值约为 2580 亿美元。值得注意的是，Oracle 公司仍然是传统软件产业的巨头，但也在几年前开始涉足 SaaS 业务。

1.1.1 什么是 SaaS

SaaS（Software as a Service，软件即服务）这一概念的最早提出者已经无法考证了。业界一般认为，Salesforce 的创始人兼 CEO 马克·贝尼奥夫是 SaaS 商业模式最早的实践者。

从 SaaS 的英文全称中可以看出，SaaS 是软件和服务合为一体的，本质上 SaaS 是一种服务，这是同传统软件产品最大的区别。

SaaS，包含面向企业和面向个人的，一般大家提到 SaaS，大多会理解为面向企业的 SaaS。面向企业的 SaaS 产品现在已有很多，截至 2021 年，国内有超过上千家面向企业服务的 SaaS 平台。面向个人的 SaaS 产品服务，国内有金山公司的 WPS Office，国外有 Adobe 公司的一些产品等。本书主要介绍的是面向企业的 SaaS，即 ToB SaaS。

1.1.2 软件的分类和发展历程

为了更好地理解 SaaS，我们简单回顾下软件的发展历程。

1. 从网络角度划分

从网络的角度划分，软件大致经历了 3 个发展阶段，即单机应用、局域网应用、互联网应用，如图 1-1 所示。

（1）单机应用

在互联网或网络尚未普及时，计算机上大多安装的是单机应用程序，这些程序在本地计算机上运行。这些单机应用程序的出现时间相当早，可以追溯到 20 世纪 60 年代。时至今日，尽管互联网技术已经取得了长足的进步，但仍有一些产品在使用这些老式的单机应用程序，例如一些需要购买许可证的软件。这些软件无须联网，仅凭单机就能实现软件使用的所有功能。然而,与过去相比,现在的软件复杂度和易用性已经得到了显著提高。

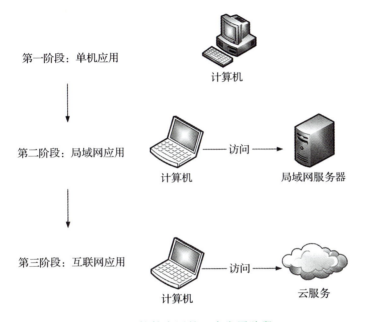

图 1-1　软件应用的 3 个发展阶段

（2）局域网应用

在这个阶段,软件产品主要在局域网内进行部署,局域网应用则以企业应用为主导。我们通常所说的传统软件产品,主要指的就是这类产品。此外,部分 SaaS 产品在以私有化方式部署的情况下,也可以归为这类应用。

（3）互联网应用

随着网络的普及,用户可以轻松地直接访问互联网,因此大量的服务开始在云端直接部署,而不再局限于局域网。这种变化使得所有的用户可以共同访问同一个服务。SaaS 产品大多属于这类应用,部分传统的软件产品也属于互联网应用。这种应用模式强调的是灵活性和可扩展性,用户可以随时随地通过互联网访问和使用这些服务。

2. 从软件架构的形式划分

从软件架构的形式划分，包括 C/S（客户机/服务器）架构和 B/S（浏览器/服务器）架构。C/S 架构需要在用户端安装特定的客户端程序，B/S 架构则无须安装特定客户端，用户只需要使用自带的浏览器访问链接地址，即可开始使用软件。目前，这两种模式仍被许多企业广泛使用。SaaS 提供商会根据目标用户群体、使用习惯、产品战略等因素，选择适合自己产品的架构模式，部分 SaaS 产品甚至会提供两种架构的版本。总体而言，B/S 架构的 SaaS 产品数量较多。

在移动端领域，随着移动互联网的不断发展，越来越多的应用开始支持手机端。为了方便用户使用，大多数产品都需要在手机上安装应用软件。目前，移动端产品基本采用 C/S 架构的应用，只有少数是基于手机浏览器访问的 H5 应用（属于 B/S 架构）。

1.1.3 如何理解 SaaS

在 SaaS 概念被提出之前，软件是被视为"产品"的。根据产品的定义，产品是指作为商品提供给市场，被人们使用和消费，并能满足人们某种需求的任何东西，包括有形的物品、无形的服务、组织、观念或它们的组合（定义来源于百度百科）。

SaaS 是不是一种产品？当然是，从产品的定义可以看出，产品是包含服务的。那我们为什么又要强调服务的概念？

以自行车为例来说明产品和服务的区别。在共享单车出现之前，如果想要骑车，通常需要自己购买一辆自行车，自行车的所有权和控制权都归自己。如果自行车损坏，一旦超过质保期，通常需要自己承担维修费用。

然而，在共享单车出现之后，如果想骑车，只需要在智能手机上下载一个 App，扫描单车上的二维码，即可解锁骑行。到达目的地后，将自行车锁上并完成付款，整个过程就结束了。无须自行管理车辆或者担心车辆丢失或损坏的问题，如果出现问题，会有单车运营公司来处理。

在第一种场景中，骑的自行车被视为"产品"。自行车的价格、功能和售后支持周期都是确定的，并且所有权归自己。而在第二种场景中，骑的自行车被视为"服务"，因为我们并没有拥有这辆自行车，但仍然可以享受到骑行的服务。这实际上是一种租赁服务。

这里我们是以产品的所有权归属来区分"产品"（非广义的产品）和"服务"的。

对于传统的软件产品，软件在发布时已经确定了其功能、适用范围、许可证以及软件产品的支持周期和价格。例如，当用户购买了 Office 2010 软件时，该软件包含 Word、Excel、PowerPoint 等功能，用户可以在此基础上进行各种文档的创建和分享。此外，微软还为这款产品提供了 5 年的技术支持服务。这种购买模式与用户购买一辆自行车类似，当产品的生命周期结束后，用户将无法继续获得厂商的技术支持，如果需要更多新功能，就只能购买下一代新产品。因此，从本质上说，软件产品和自行车等产品是一样的。

服务是什么？服务是一种不将实物商品从卖方转移到买方的交易。服务提供者利用资源、技能、独创性和经验使服务的对象受益。

在 SaaS 的概念下，软件在此过程中转变为由厂商提供服务的工具和载体。以 Office 365 为例，微软公司不再将 Office 软件作为产品出售给客户，而是为客户提供文档创建、文档共享、邮件等功能服务。在这个过程中，原先的软件如 Word、Exchange、Teams 等都转变为微软为客户提供服务的工具。

在为客户提供服务期间，软件的技术升级始终是微软公司必须进行的工作，并且客户无须为此付费（微软公司的目标是提升产品的市场竞争力）。如果客户在三年前购买了 Office 365 服务并一直使用至今，那么当时使用的是 Office 2016 系列套件，现在可以免费更新、升级到 Office 2019 套件。客户无须为产品的版本升级而付费。

这就是产品和服务的差别。

除此之外，这里面还涉及两者的定价策略问题。软件产品往往是一次性付费加运维费用，首次建设费用偏高；而 SaaS 产品往往是按照周期收费，比如按年收费，初次投入费用相对较低。

本书我们主要探讨的是 SaaS 产品，也就是上文提到的为客户提供服务所需要的工具和载体。我们主要讨论的是这些软件工具和载体的构建过程，所以后文中，我们会在大多数情况下继续使用 SaaS 产品的概念。

1.1.4　从客户和服务商的角度看 SaaS 的特点

分别站在客户和服务商的角度，SaaS 服务的特点是有所不同的，客户的关注点在于客户价值的实现，SaaS 服务商会考虑 SaaS 的商业价值和建设方面的特点，如图 1-2 和图 1-3 所示。

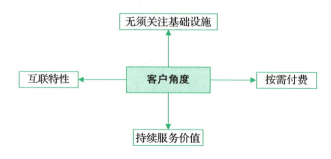

图 1-2　客户角度看 SaaS 特点

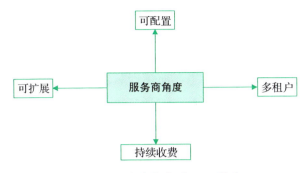

图 1-3　服务商角度看 SaaS 特点

1. 客户角度

（1）互联特性

SaaS 产品是一种基于云端的产品服务，其使用受到网络连接的限制。若没有网络连接，则无法使用 SaaS 服务。目前，许多 SaaS 产品都提供了 PC（计算机）端和移动端等访问方式，用户在任何有网络接入的地方都可以使用 SaaS 服务。与传统的软件产品相比，SaaS 服务在云端天然存在，不存在系统之间相互孤立的情况。

云端服务对于跨系统的数据交互具有很大的优势。两个 SaaS 系统之间打通，理论上可以使所有客户都能使用打通后的产品能力，从而摊薄系统间打通的成本，边际成本降低非常明显。相比之下，传统软件对接则需要进行大量的研发、协调和实施工作，单客成本远高于 SaaS 模式。

目前，许多 SaaS 公司都在努力扩展自己的产品和上下游协同产品的打通，从而使构建 SaaS 产品的生态圈更容易。SaaS 生态的构建可以为企业客户带来更好的效率提升和体验提升，同时能增加生态圈内产品的复购率。

（2）无须关注基础设施

在 SaaS 模式下，无须部署大量硬件设备，企业可以通过云服务实现业务管理；而传统软件产品需要采购物理服务器、防火墙，建设或租用机房等，同时需要招聘专业的运维人员，制定运维规范，考虑系统灾备等问题，在用户量大的情况下还需要考虑动态扩容以提升并发能力。

比如微软销售邮箱产品，想要使用微软的邮件服务，那么该用户不但要购买微软的 Office 和 Exchange 等软件产品，还要购买服务器硬件等，请微软的分销商、合作伙伴协助搭建一个 Exchange 服务器集群（为了高可用和扩充），然后自己组织内的雇员才能用 Outlook 连接 Exchange 服务器收发自己组织域名下的邮件。这套流程下来，快的要一个星期，对于几万人的大型公司，微软把 Exchange 按照项目来做的，实施几个月也是常事。

相比之下，如果客户选择购买 Office 365 这样的 SaaS 服务，就无须购买软件和硬件，也不需要请微软合作伙伴搭建 Exchange 集群，只需经过简单的培训，在 https://www.office.com/ 网站上登录并为组织内的雇员创建账号即可使用。对于有大量员工入职的情况，客户无须担心硬件容量问题，因为服务提供商——微软会负责解决这些问题。微软在构建 Office 365 这个 SaaS 平台时已在基础架构上考虑了高可用性，可以为客户提供高可用的服务。

（3）按需付费

在上一个特性中，我们已提及 SaaS 服务能够根据客户的需要灵活创建账户，按照所使用的资源进行相应费用的支付。这包括根据开通的用户数量、所使用的资源空间、功能的数量等进行计费。此类服务具备灵活的扩展或升级能力。例如，当新员工入职时，可以开通一个新的邮箱账户；当员工离职时，可以删除该账户。这种按需付费的模式显著降低了初始成本投入，从而降低了项目启动的代价。

（4）持续服务价值

SaaS 产品是一种基于服务的解决方案，其特性决定了它需要不断地进行迭代和更新以提供最佳的用户体验和价值。用户无须额外付费，即可享受到未来软件产品升级所带来的优势。SaaS 公司通常非常重视客户的续费率和客户满意度，因此在发展过程中会着重关注用户的使用情况和反馈意见，并为此配备了在线客服和客户成功团队，以确保用户可以享受到及时、高效的客服服务。

2. 服务商角度

（1）可扩展

SaaS 产品通常需要进行持续迭代，并具备良好的可扩展性，以满足未来发展的需求。因此，SaaS 产品需要具备优秀的架构，以确保其可扩展性。这种可扩展性不仅体现在产品功能上的扩展，还体现在性能上的扩展，甚至包括系统级的扩展。如果一个产品架构的可扩展性较差，那么它能够满足的场景就相对有限，这可能会限制产品的竞争力。因此，设计 SaaS 产品时应该尽量避免可扩展性差的架构设计，并能够覆盖更多的使用场景，以提高产品的竞争力。

（2）多租户

SaaS 产品的魅力之一在于其多租户设计模式，这一模式能够显著降低软件使用的边际成本。多租户是一种架构模式，它实现了在多用户环境下共享相同的系统或程序组件，同时保证各用户间数据的独立性。

在 SaaS 产品中，不同租户可以访问相同的网络地址并使用同一套软件产品，但每个租户的数据都实现了相互隔离，即每个租户只能查看和管理自己的数据。这种设计使用户新增过程变得非常简单，只需要开通相应的账号即可达到新增用户的目的。

（3）可配置

SaaS 产品支持多个租户共享一套软件，而不同行业、流程和使用场景的用户需要一套能够满足其需求的软件。因此，可配置特性成为 SaaS 产品的必然需求。灵活的配置可以满足不同用户的需求，让软件的适用面更加广泛。

有些软件产品具有非常高的灵活性，每个字段、按钮和读写权限都可以进行配置。然而，这种高度的灵活性也会带来一定的学习和操作成本。对于非专业人员来说，掌握这种复杂的配置方法可能会感到困难。

因此，在 SaaS 产品的可配置特性上，我们需要在灵活性和易用性之间寻求平衡。为了降低用户的学习和操作成本，易用性应该成为首要考虑的目标。只有在易用的前提下，我们才能进一步增强产品的可配置特性。通过这种方式，我们可以确保用户方便、快捷地使用软件产品，同时也能满足更多用户的需求。

（4）持续收费

持续收费或续费是 SaaS 商业模式的关键要素。如果 SaaS 服务无法实现持续收费，企业可能会面临财务亏损。与项目制交付的产品相比，SaaS 产品的年客单价较低，必须通过续费来分摊或回收获客成本。因此，必须高度重视续费问题，这是 SaaS 产品及服务体系建设的核心环节之一。同时，需要注意的是，SaaS 产品的一些特点，传统软件产品大部分也具备或可以实现。然而，在 SaaS 体系内，这些特点显得更为突出和重要。

1.2　SaaS 产品与传统软件产品

根据前文所述，我们可以发现传统软件产品和 SaaS 产品存在一些显著差异。为了更直观地了解这两种产品的特点，表 1-1 给出了详细对比。

表 1-1 传统软件产品与 SaaS 产品的对比

对比项	传统软件产品	SaaS 产品
客户对象	传统软件的整体成本相对较高，软件的使用对象往往是一些中高端客户，对于中小客户的覆盖度相对较弱	SaaS 产品天然地适合做中小客户，但随着 SaaS 平台的逐步成熟和完善，也可以逐步覆盖中大客户
商务跟进	在传统软件中，项目制是比较多的，商务跟进流程往往较长	SaaS 产品的客户对象规模相对较小，决策链相对较短，跟进周期也会稍短，但在大项目中和传统软件的差异不大
项目报价	一般为首次收取项目定制实施费用，后期收取维护费用，费用特点为第一次比较高，后续较低	SaaS 产品按周期按使用资源付费，每年的费用基本一致，费用特点为在使用相同资源的情况下，首次费用和后续费用基本一致，但首次费用水平远低于传统软件，启动成本低
产品开发	由于传统软件项目制较多，定制开发的比例相对高于 SaaS 产品	SaaS 产品的架构是多用户共同使用一套软件，所以定制开发带来的困难会大于传统软件，这也导致 SaaS 公司定制开发的动力相对较弱，承接定制开发的需求相对较少。但 SaaS 平台一般会通过产品迭代和 PaaS 平台的构建，覆盖更多使用场景，逐步消化掉定制化需求问题
产品实施	传统软件产品多采用在局域网内搭建服务的方式，所以整个产品实施需要包含产品软件到中间件再到硬件的实施，环节较多，周期较长，成本较高	SaaS 产品一般为云服务产品，主要实施为帮助用户开通账号、梳理业务流程、配置产品基本参数，集中在软件配置和培训层面的工作较多，实施复杂度低于传统软件
产品迭代	传统软件产品交付后，迭代周期相对较慢，甚至在一些项目制的模式下，产品基本不迭代（如需要迭代一般要额外付费）	SaaS 产品一般都会持续迭代，多数会以 1～3 个月为一个迭代周期，以快速响应市场需求
产品运营（包含售后等服务）	传统软件产品对运营的依赖度较弱，保持用户正常使用即可	对产品运营比较重视，运营团队的工作成果对用户的续费率起到重要作用

SaaS 产品和传统软件产品作为软件类产品，在许多方面具有共同点。大多数人认为 SaaS 等同于软件，这一观点已经被普遍接受，这里不再赘述。对于从事传统软件行业的人来说，下文所介绍的部分方法论与他们所熟知的方法论具有一定的传承关系。

1.3　SaaS 与 PaaS

在软件领域中，我们常常会遇到 SaaS（软件即服务）和 PaaS（平台即服务）这两个术语。为了更好地理解这两个概念，下面介绍 PaaS 的定义以及它与 SaaS 之间的关系。

1.3.1　关于 XaaS

XaaS，全称为 X as a Service，是指一切以服务的形式提供，其中 X 不代表某个特定的单词缩写，而是代表所有。这种服务形式越来越多地通过网络进行提供，而不仅局限于本地或现场服务。

我们通常所说的 IaaS、PaaS、SaaS 都属于 XaaS 的范畴。SaaS 前文已经介绍过了，下面简要介绍 IaaS 和 PaaS 的含义。

1. 基础设施即服务（Infrastructure as a Service，IaaS）

这种服务模式将计算基础设施（包括服务器、网络资源、存储设备等）作为一项服务提供给消费者。它还包括提供操作系统以及虚拟化技术管理这些资源的服务等。消费者可以通过互联网便捷地从 IaaS 服务商获得所需的服务。

2. 平台即服务（Platform as a Service，PaaS）

PaaS 是指将软件研发的平台作为一种服务提供给用户。一些观点认为 PaaS 也是 SaaS 模式的一种应用，但实际上这两种服务的目标用户存在差异。PaaS 通常面向软件开发人员，SaaS 则面向软件客户。供应商提供的服务不仅限于基础设施，而是将软件开发和运行环境集成为整套解决方案，以 SaaS 的模式提交给用户。

IaaS、PaaS、SaaS 三者的关系如图 1-4 所示。

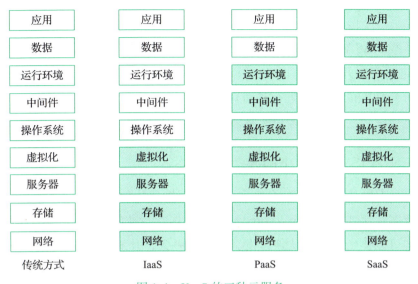

图 1-4 XaaS 的三种云服务

根据名称和所处的层级，可以看出 SaaS 和 PaaS 之间有着紧密的联系。下面我们将详细介绍 PaaS 平台以及它与 SaaS 平台之间的关系。

1.3.2 PaaS 平台的发展

我们通过一个具体的示例来探讨这个话题。

Salesforce 公司在 2007 年便发布了其 PaaS 平台——http://Force.com，目前已有超过 5 万家企业成功使用了此平台。这个平台在产品开发或定制方面为 Salesforce 公司、平台客户以及平台 ISV（平台上的服务商）提供了诸多便利。

1. Salesforce 公司

基于 PaaS 平台开发自己的 SaaS 产品，可以显著提高开发效率。以 Salesforce 公司的 Sales Cloud、Service Cloud 等核心产品为例，它们都是基于 http://Force.com 开发的，这为开发者提供了便利，不仅提高了开发效率，还实现了产品的无缝集成。

2. 平台客户

某些 SaaS 客户存在特定的个性化需求，为满足这些需求，需要基于 PaaS 进行定制开发。利用 http://Force.com 平台，客户不仅能够根据自身需求进行新功能的定制开发，还可以对 Salesforce 的标准功能进行定制改造，以满足更细致、更贴合客户实际需求的功能要求。

3. 平台 ISV（平台上的服务商）

第三方服务商基于 PaaS 平台开发新产品，针对不同行业客户提供专属解决方案，比如基于 http://Force.com 开发医疗行业的 CRM 产品 Veeva。这种方案可以让生态合作伙伴开发新的产品服务，并从中获取收益。

近年来 Salesforce 相继收购了 MuleSoft 和 Tableau，极大增强了 PaaS 平台在系统集成和数据分析方面的能力。

Salesforce 在 PaaS 平台上启动较早、投入较大，相对比较成熟，位于业内顶尖水平。

而对于其他厂商，一是进入 SaaS 行业比较晚，推出面向 SaaS 的 PaaS 应用就更晚了，二是开发 PaaS 平台有很大的技术难度，目前仅有 Oracle 等少数 SaaS 企业能够做到，国内更是仅有少量几家 SaaS 企业在进行 PaaS 平台建设的尝试。

另外，有一些 IaaS 平台也在向 PaaS 平台延伸，比如 AWS 和阿里云为开发者提供了一些运行环境、中间件和操作系统等方面的服务，这已经超出了 IaaS 平台的服务范畴。

1.3.3　SaaS 与 PaaS 的关系

在之前的介绍中，我们已经明确了 PaaS 平台相较于 SaaS 平台提供了更为基础的服务。在 SaaS 平台的建设过程中，PaaS 作为其强大的后盾，为行业或客户的个性化、定制化需求提供解决方案。

从用户对象的角度来看，PaaS 平台主要服务于开发人员，而 SaaS 平台则主要面向软件用户。

SaaS 平台的构建大多数并不是基于 PaaS 平台，SaaS 平台往往有自己独立的产研团队和运维团队，重视数据安全等问题，有能力直接搭建基础设施，SaaS 平台的建设与 PaaS 平台并没有依赖关系。

SaaS 平台的用户数量大，其重点是解决用户的使用场景需求，产品相对标准化。

PaaS 平台的存在，主要是解决软件基础环境和中间件服务的建设问题，方便研发人员更快地搭建系统。而围绕 SaaS 平台搭建的 PaaS 平台，其重点是解决 SaaS 平台在满足定制化需求方面的不足，为开发人员提供基于现有 SaaS 平台的定制开发能力，以满足客户的个性化需求。

值得注意的是，PaaS 平台的构建思路并不是在 SaaS 平台的基础上进行扩展。如果 SaaS 公司希望构建 PaaS 平台，那么它们需要重新构建基础架构，而非简单地在现有 SaaS 平台上提供一些定制开发能力。这一点在过去的 PaaS 平台建设过程中已经得到了验证。

1.4　SaaS 平台的优势和局限性

近年来，SaaS 平台备受瞩目，引得众多公司竞相投入此赛道。接下来，我们将深入剖析 SaaS 平台的优势及局限。

1.4.1　SaaS 平台的 6 个优势

SaaS 平台的 6 个优势如图 1-5 所示。

图 1-5　SaaS 平台的 6 个优势

1. 可重复使用

SaaS 的最大优势之一是"可重复使用",这一优势为 SaaS 平台具有其他优点奠定了基础。由于产品具有可复用性,这直接降低了客户的实施成本,幅度之大,显而易见。当客户选择使用 SaaS 解决方案时,可以利用现有的解决方案,从而避免进行基础性的重复工作。这种解决方案的实施速度更快,成本更低,虽然可能不是最优的解决方案,但可以达到足够的满意度。

2. 解决方案成本较低

如果企业选择采用 SaaS 解决方案,其付出的成本仅为此类解决方案自行实施、部署、运行、管理及支持所需成本的一小部分。SaaS 解决方案最大的优点之一在于,其在价格方面能够提供非常显著的规模经济。之所以能实现这一点,是因为大多数 SaaS 提供商可以轻松地利用其在特定行业领域的"重复使用"优势,提供高度可复制的"标准化"解决方案。因此,这些提供商能够将这种可重复使用的优势惠及客户,并显著降低成本。同时,SaaS 解决方案还可以帮助企业实现更高效的运营,提高工作效率,减少不必要的成本支出。

3. 解决方案提供更快

SaaS 服务商通常会针对特定领域提供全面的解决方案,包括规划、设计、实施、部署及测试等环节。企业可以充分利用这些成熟的解决方案，以节省自行实施所需的大量时间和资源。以大多数 SaaS 解决方案为例，软件已经处于实时运行状态，可随时供企业使用。企业只需要支付服务费用，并根据自身业务流程的特点进行相应的适配。这种服务模式大大简化了企业的软件应用实施过程，提高了效率。

4. 采用按需购买的价格策略

当企业选择采用 SaaS 解决方案时，它们通常会采用基于订购的确定定价模式。这种模式允许企业在需要时购买所需的服务，使企业可以根据自身发展购买相应的软件。当企业规模扩大时，只需要增加新的账户或用户，而无须购置新的基础设施和资源。同样，当企业规模缩小时，只需要关闭多余的账户或用户。这种方式可以帮助企业减轻因过多的基础设施和资源而带来的负担，而在传统软件方式下，前期投入可能会过高，并且无法及时得到利用。此外，即使不再需要这些服务，企业也需要支付这些基础设施后续的管理和支持费用。因此，采用 SaaS 解决方案可以帮助企业更加灵活地应对业务变化，同时降低成本和风险。

5. 提供更好的支持

当企业选择使用 SaaS 解决方案时，它们通常会选择由行业领域专家提供支持的专业解决方案。这些专家长期关注某一特定领域，能够为企业提供专业且高效的服务。在这种情况下，SaaS 服务商成为企业的实时延伸部分，为企业提供持续且可靠的服务。

实际上，连接到 SaaS 服务商对使用者而言是一种成本非常低的方式。一旦建立连接，SaaS 提供的资源就会始终为企业服务。这种服务模式相当于扩大了企业的可用资源，使企业能够更加高效地开展业务并提高工作效率。

6. 为企业减少 IT 资源投入

用户通过浏览器即可接入 SaaS 平台，这就意味着企业无须提供、运营和管理内部基础设施——用于运行浏览器的设备和能够访问互联网的网络。对于规模较小且不想自行管理复杂 IT（信息技术）任务的企业而言，SaaS 无疑是一种高效的解决方案，有助于快速实施企业的解决方案并尽可能减少所需的 IT 资源。

1.4.2　SaaS 平台的 7 个局限性

SaaS 平台也有其局限性，主要体现在 7 个方面，具体如图 1-6 所示。

图 1-6　SaaS 平台的 7 个局限性

1. 供应商锁定

SaaS 供应商为客户提供了便捷的开通和使用服务，但其中涉及的退出过程可能会面临一定的困难。比如客户的数据可能因技术或成本效益的问题，难以顺利地移植到其他供应商的 SaaS 服务中。由于各供应商并未遵循统一的标准 API（应用程序编程接口）、数据定义和工具，这无疑增加了客户更换 SaaS 供应商的难度。然而，随着市场竞争日益激烈，SaaS 平台自身的服务水平持续提高，社会责任感也得到增强，这将推动行业标准和规范的逐步形成，从而为客户提供全生命周期的管理服务。另外，在受到监管的行业中，政府会主导制定平台建设的标准规范，以确保客户的权益得到充分保障。

2. 缺乏集成支持

许多客户需要与本地其他系统、数据和服务进行深度整合，SaaS 供应商可能能够提供一定的支持，然而这种支持可能有限，无法完全满足用户的需求，因此用户需要投入更多的其他资源来进行设计和管理集成。

为了减少与其他系统集成的困难，SaaS 平台在设计产品架构时应该提供更多通用的、标准的 API 和丰富的接入场景，以构建行业生态。这样不仅能够提高用户的工作效率，而且能够促进整个行业的创新和发展。

3. 数据安全顾虑

为了确保软件功能的正常运行，SaaS 平台必须将数据传输至云端数据中心进行存储。然而，将关键业务信息存储在云端 SaaS 服务中可能会对安全性和合规性带来潜在风险。这里分享一个相关的小故事，Salesforce 的创始人马克·贝尼奥夫在创业初期便热衷于慈善事业，这使他及其企业在业界树立了可信赖的形象，为公司塑造了良好的公众形象。此举不仅降低了客户对于安全问题的担忧，而且也增强了人们对该公司的信任感。

4. 不易定制化

由于各行业和客户的需求存在差异，因此需要提供针对性的解决方案。这可能导致用户在选择 SaaS 服务时面临定制化问题。然而，现如今一些软件开发工具包（SDK）所附带的本地解决方案提供了高度定制的选项，这为解决用户定制化需求提供了便利。与此同时，一些头部的 SaaS 平台企业也在构建 PaaS 平台，以更好地满足客户的个性化定制需求。

5. 缺乏控制

SaaS 解决方案使用云平台，这对于客户来说相当于将控制权移交给第三方服务提供商。这些控制权不仅限于软件，还包括软件版本、软件更新、软件界面以及数据和管理。因此，客户可能需要重新定义其数据安全性和治理模型，以适应 SaaS 服务的特性和功能。针对这样的问题，SaaS 服务商需要在构建 SaaS 平台的过程中，将更多的控制权交还给客户，让客户更愿意使用 SaaS 服务。

6. 功能限制

由于 SaaS 应用程序通常以标准化形式呈现，因此在 SaaS 产品的发展过程中，安全性、成本、性能和其他策略之间需要进行权衡。对于客户而言，这可能导致在功能使用上受到一定的限制，例如在产品迭代过程中，产品的操作习惯可能会发生变化，产品的功能也可能会发生变化，这可能会改善用户体验，也可能会降低原有功能的体验。此外，供应商的不易变更、成本或安全性等问题可能意味着将来无法更换供应商或者选择其他服务，从而无法满足客户的需求。

7. 性能和停机时间

由于供应商负责控制和管理 SaaS 服务，因此客户必须依赖供应商来确保服务的安全性和性能。尽管存在适当的服务级别协议（SLA）作为保护措施，但计划内和计划外的维护、网络攻击或网络问题仍可能对 SaaS 应用程序的性能产生影响。

理解 SaaS 平台的这些优势和不足，有助于我们在构建 SaaS 平台时针对性地处理和避免这些问题，逐步优化 SaaS 平台的各项功能和服务质量。同时，也能帮助 SaaS 创业团队更好地掌握市场环境、用户需求和场景需求等与 SaaS 特性的匹配度，从而更准确地判断产品方向。

随着客户对 SaaS 平台的接受度不断提高，整个行业生态也将更加健康繁荣，从而推动整个 SaaS 行业朝着更加积极的方向发展。

1.5 本章小结

本章主要介绍了 SaaS 的基本概念、软件的发展阶段、SaaS 产品与传统软件产品的区别、SaaS 平台与 PaaS 平台的关系，以及 SaaS 的优缺点等内容，让我们对 SaaS 有了一个清晰的认知。

下一章将讲述 SaaS 产品战略规划方面的内容。

第 2 章

SaaS 产品战略规划

没有战略的企业就像一艘没有舵的船，只会在原地转圈。

——乔尔·罗斯

设想你是老板或者产品经理，要做一个产品，你会怎么做？是不是应该先思考做一个什么样的产品，接下来思考要怎么去做这个产品？

做一个什么样的产品，是战略；怎么做一个产品，是规划。战略是方向，规划是步骤。一个企业有什么样的发展战略，就必须制定出实现这一战略的发展规划。规划是为战略服务的。

战略泛指统领性的、全局性的、左右胜败的谋略、方案和对策。规划，是指个人或组织制定的比较全面长远的发展计划，是对未来整体性、长期性、基本性问题的思考和考量，以设计未来整套行动的方案。

产品战略和产品规划并不严格区分过程，两者可以先后进行，也可以同时或者交叉进行，可根据制定战略的需要开展产品规划的过程。SaaS产品具有很多特性，在做产品战略规划时，需要考虑这些特性带来的影响。

产品战略规划需要考虑的因素比较多，制定战略规划所用到的方法也比较多，接下来将分享我们是如何制定战略规划的。

2.1 产品战略的6个方面

公司战略由公司高层制定，产品战略一般是根据公司战略分解而来的，一些情况下，产品战略需要由公司领导层和相关负责人制定。

产品战略不仅与管理层有关，也与每一位产品人员紧密相连。每一位与产品相关的人员都可以并应该思考产品战略问题。拥有产品战略思维是个人提升和迈向更高层次的关键。

战略的本质问题是取舍，如何取舍需要基于对信息、数据的理解与分析，信息是否全面、准确、客观，将会影响战略制定。

制定产品战略，我们可以从外部环境、公司战略、目标用户、产品定位、商业模式以及所处的产品生命周期等几个方面收集信息并进行分析，如图 2-1 所示。

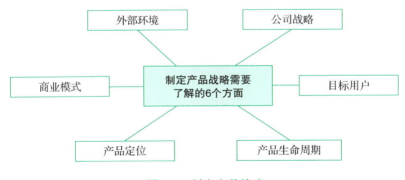

图 2-1　制定产品战略

2.1.1 了解外部环境

外部环境因素对我们的产品战略具有至关重要的影响。随着外部环境的变化，我们可能需要相应地调整公司的战略。因此，我们应该时刻关注外部环境及相关政策的动态，切不可闭门造车，对环境及政策的变化调整视而不见。这不仅是公司战略调整的重要依据，更是决定公司乃至行业生死存亡的关键问题。

制定产品战略时，我们需要了解以下外部信息：

第一，政策情况。政策对于 SaaS 平台的发展具有重要影响。明确的政策出台不仅直接影响到产品的生存和发展，同时也为 SaaS 平台带来了机会和挑战。SaaS 平台需要及时关注政策的调整和变化并做出相应的调整，以适应市场环境的变化。

第二，市场情况。要深入了解市场环境，包括但不限于经济环境、政治环境、社会文化环境、科学环境和自然地理环境。同时，也需要关注市场的供求关系，包括市场需求情况、购买力水平和市场供给情况等。这些因素对市场运营有着重要的影响，因此必须认真了解并做出相应的应对策略。

第三，竞争对手。竞争对手的布局变化和调整，对我们具有重要的参考价值。可能是新的竞争对手的出现，导致新的产品进入市场，从而对整个行业产生冲击。也可能是现有的竞争对手决定砍掉某条产品线。这些变化都值得我们密切关注，深入了解背景情况，挖掘原因，从而做出明智的产品决策。

第四，技术情况。在行业发展的过程中，我们必须对技术的发展趋势做出准确的判断。很多技术型公司在发展过程中都面临着技术路线的选择问题。一些公司选择了当时刚刚出现但还不够成熟的技术，结果无法度过当前阶段。另一些公司选择的技术已经过时或即将过时，未来推出的产品在某些指标上难以与行业内领先的产品竞争，只能陷入红海竞争中。因此，我们在制定产品战略时必须对技术有一个基本的了解，并将其与公司当前阶段和产品阶段相匹配。一个新推出的产品可能可以使用新技术，尽管技术可能还不够成熟，但这可能并不是致命问题，反而可以为未来产品的发展提供试点。而对于一个成熟的产品，我们应该选择更成熟的技术，毕竟我们已经积累了大量的客户，保持产品稳定至关重要。

外部信息的涵盖范围非常广泛，远不止上述几条。对外部信息进行分析的方法称为 PEST 分析，该方法具有多种延伸类型，将在后续内容中简要介绍。

我们要收集外部信息与数据，并进行深入理解与分析，以准确判断当前环境及发掘未来发展趋势。了解未来的发展趋势对于公司战略和产品战略的制定至关重要。以我们公司所处的财税行业为例，票据电子化无疑是未来发展的方向，这一方向明确且坚定。推广时机可能会受到政策的影响，但在方向上不存在问题。如果公司拥有与票据相关的产品，则需要考虑如何投入票据电子化方向。

2.1.2 了解公司战略

从公司战略中推导出产品战略是必不可少的一步，因此在制定产品战略时，必须充分理解公司战略。SaaS 公司与传统行业在战略上存在一定的差异：

首先，SaaS 公司因其多租户特性，在制定战略时通常会选择利基市场较大领域或行业，以便获得更多的客户，实现投入产出比的最优。

其次，SaaS 公司的另一个显著特点是续费，因此它们在服务投入上会更加重视。如果服务不到位，可能会导致客户流失，因此在组织结构上，SaaS 公司通常会设立客户成功团队来保障服务质量。

最后，SaaS 产品的建设与传统的项目软件公司有所不同。传统项目软件公司将软件交付给客户后，可能失去进一步迭代的动力。然而，SaaS 公司为了使客户愿意续费，会更加注重产品的迭代优化和产品创新。

在某些情况下，一家 SaaS 公司可能拥有多款产品，此时公司的产品战略需要对所有产品进行通盘考虑。这将决定每个产品在整体战略布局中扮演的角色、承担的责任以及公司对产品的支持程度和资源投入。

当公司战略发生变化时，产品战略也需要随之调整。如果制定的产品战略足够清晰、有说服力，则有可能对公司的战略产生反向影响。

2.1.3 确定目标用户

在制定产品战略时，必须对目标用户进行深入分析。在用户细分方面，需要针对不同的目标用户群体制定不同的产品战略。对于 SaaS 产品而言，中小型企业用户和集团用户之间存在巨大差异，同时不同行业的用户也可能有所不同。这些用户群体在组织架构、权限管理、业务流程和报表呈现等方面都可能有着独特的需求和特点。为了满足不同用户群体的需求，可能需要制定多条不同的产品线。

针对不同的用户群体进行分层并明确服务的目标用户是制定有针对性的产品战略的关键。例如，我目前负责的产品针对三类不同用户推出了三个产品版本，旨在解决不同用户在不同使用场景下的问题，并解决 SaaS 产品过度灵活配置导致的易用性问题。

此外，目标用户群体的数量也会对产品战略的制定产生重要影响。产品战略应优先考虑用户群体足够大的市场，以确保行业的天花板不会过低，并且更广泛的 SaaS 客户对于降低软件的边际成本至关重要。

综上所述，对目标用户的深入理解和细分是制定有效的产品战略的关键。在制定产品战略时，需要综合考虑目标用户的独特需求和特点，并针对不同用户群体制定不同的产品战略。同时，还需要关注目标用户群体的数量，以确定优先发展的市场并制定相应的产品战略。

2.1.4 明确产品定位

定位理论是营销学领域里一项非常重要的理论，它的核心理念是要想让一个产品取得成功，就必须在目标用户的心智中占据重要的位置。产品定位就是针对这一需求而产生的。

简单来说，产品定位就是向目标用户传达"产品是什么？产品区别于其他同类产品的核心价值在哪里？"通过明确的产品定位，产品经理可以在后续的产品开发过程中更加准确地判断哪些需求是符合产品定位的，应该被执行；哪些是不符合的，应该被放弃。这样可以确保所有的新增功能都紧密地围绕产品定位来进行，使目标用户对产品的定位有更加清晰的认识，从而帮助产品在竞争中获得更多的优势。

此外，明确的产品定位还有助于树立产品的独特形象，提高产品品牌的知名度。对于初创的 SaaS 公司来说，其产品定位应该避免过于宽泛和笼统。事实上，能够找准一个切入点，把一件事情做精做好，就已经很不容易了。因此，在产品定位的过程中，应该尽量找到一个精准的点来切入市场，然后根据公司的战略发展需要进行逐步调整。

2.1.5 了解商业模式

产品是整个商业模式中的一部分，不同的商业模式对产品的要求侧重点是不同的。

SaaS 产品的商业模式对客户价值主张更为重视。在传统的软件行业中，拿下订单和产品易用可能关系不是很大，更多是商务环节的运作，是对公司资质、价格、产品、关系、资源的综合考量。而 SaaS 获客成本比较高，通过续费才能更好地覆盖获客成本，所以帮助客户达成绩效成为关键因素，持续帮助客户成功，客户才有意愿持续付费。这是大多数 SaaS 公司都有客户成功部门的原因。

SaaS 商业模式一般会集中在一些焦点服务上，在满足客户价值主张的基础上，往往会抓住一些突出的焦点问题，满足这些焦点问题而不是解决全部问题，是 SaaS 商业模式的一个突出特征。

我们在做产品战略时，需要围绕焦点服务设计产品，焦点服务是通过技术、服务还是产品提供，对产品战略有直接的影响。

在以服务为主导的商业模式中，产品通常作为实现服务的工具，专业服务是该业务营收的核心驱动因素，产品则扮演着辅助支持的角色。

在技术创新驱动的商业模式中，产品研发占据主导地位。例如，对于一些 AI 产品来说，算法和数据构成了公司的核心竞争力。

在产品应用驱动的商业模式中，对场景应用和用户体验应高度重视。这需要产品团队投入大量精力来精细化设计产品，并使产品在市场上发挥引领作用。

不同的商业模式需要制定不同的产品战略，并投入相应的资源。然而，这并不意味着在某些商业模式中产品不重要。实际上，在许多 SaaS 服务中，产品都扮演着至关重要的角色。

2.1.6　了解产品生命周期

在制定产品战略时，充分了解产品的生命周期是至关重要的。产品生命周期是指从产品进入市场到最终退出市场所经历的整个过程，包括引入期、成长期、成熟期和衰退期。

针对不同阶段的产品特点，产品经理应采取相应的产品策略。例如，在引入期，产品规划的主要目标是完善产品的基础功能；在成长期，重点是提升用户体验和完善使用场景；在成熟期，优化用户体验和扩展周边功能是关键；而在衰退期，产品经理应提出产品退出建议和方案，或考虑产品的重新定位和转型机会。

对于 SaaS 产品而言，续费是核心诉求，大部分时期应处于成长期和成熟期。为保持产品的市场竞争力，制定相应的产品策略至关重要。

2.2 产品规划的 5 个步骤

产品规划是一个至关重要的过程，它确保产品战略得以落地并逐步实现其目标。为了确保产品规划的可执行性，我们必须进行全面的考虑和规划。

对于 SaaS 产品，特别是那些需要迭代升级的产品，规划过程需要仔细考虑。一般来说，产品从无到有所需的规划时间相对更长，因为它涉及更多的调研和设计工作。为了确保产品的成功，我们需要对业务目标和用户群体有清晰的认识，并在此基础上进行规划。

相对而言，对于已经存在的产品进行迭代规划则更为简单。由于我们对业务目标和用户群体已有一定的理解，因此可以在没有大的产品战略调整的情况下，省略一些步骤。这时我们可以重点关注新增需求、实现方案、需求优先级和里程碑等过程。

总之，无论是对新产品进行规划还是对已有产品进行规划，我们都需要全面考虑，以确保产品规划的严谨性和可执行性。

产品规划主要考虑以下几个方面，如图 2-2 所示。

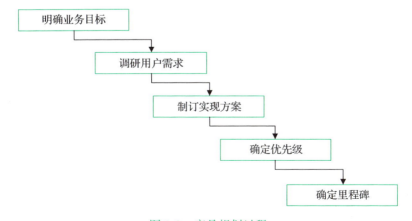

图 2-2　产品规划过程

2.2.1 明确业务目标

1. 梳理业务目标

产品规划首先需要了解业务目标，明确接下来的业务方向在哪，需要怎么配合，主攻哪块市场，完成哪些产品工作。

SaaS 产品的推广往往需要公司多部门的参与，可能包含销售团队、运营团队、实施团队、售后团队、客户成功团队等，明确公司的整体业务目标，明确配合的业务团队及工作职责，在同公司业务目标一致的前提下，尽可能支持业务部门团队的工作，并从业务部门获取产品建设过程所需要的支持。

拿到业务目标后，需要拆解目标。比如公司业务目标是营收一个亿，那销售团队就需要明确从哪些客户，以什么样的方式，需要投入多少资源来完成这一个亿的目标，产品需要满足什么样的条件，比如完成哪些重要功能的上线、优化用户体验、提升软件效率等，才可以达到交付状态。

2. 明确目标客户

在明确业务目标的过程中，我们需要精准地确定目标客户群体。如果我们对目标客户缺乏清晰的认识和定位，那么业务目标的实现将面临较大的困难。因此业务部门在明确业务目标的同时，应确定产品的主要客户群体。此外，虽然产品战略也对目标客户群有所要求，但在产品规划阶段，我们需要对目标用户进行更为具体和精细的划分，以便后续调研工作的顺利进行。

2.2.2 调研用户需求

在确定了目标客户群体后，我们应尽快与原型客户建立联系，并进行深入的调研分析，以获取产品用户群体的大致需求。需要明确的是，用户和客户是两个不同的概念。客户是为我们提供经费的主体，用户则是使用我们产品或服务的主体。因此，在商业交易中，我们需要关注客户的核心诉求，产品或服务则需要尽可能地满足用户的需求，甚至以用户需求为导向，使其更加易于使用，这才是我们产品的核心工作。

1. 岗位角色

为了确保产品设计的合理性和有效性，我们需要深入了解使用我们产品的用户群体，并对每个岗位的权限和职责进行充分了解。特别是在产品从无到有的过程中，我们首先需要设计一个最小化闭环的产品原型，以验证产品的逻辑和商业模式。在此过程中，我们应该尽可能避免因系统中岗位设定缺失而导致业务无法正常运转的情况。

岗位角色是系统规划设计的基础之一，根据不同的场景，产品可能会有不同的参与主体或角色，他们可能会使用不同的子系统或终端。有些产品会在同一个系统中用不同的角色分别控制功能权限或数据权限来实现。

针对不同的岗位角色权限模型，我们需要根据实际场景选择合适的产品设计方式。

2. 业务流程

明确参与的岗位角色之后，需要对业务的主要流程进行梳理，了解各类表单、业务流转、数据流转、各种限制因素等，收集原始表单、素材，为后续产品做准备。

业务流程需要优先处理确定的流程。不确定的流程可能是审批流产生变化，也可能是表单产生变化，还可能是业务本身不够稳定。审批流的变化可能不会对产品设计产生重大影响，而表单的变化往往会对产品或者后续实施产生影响，需要考虑清楚业务流程的特点，选择适用的流程或表单处理机制。

线下流程在迁移到线上时，有些过程是可以省略或简化的，有些是需要额外强调的。

SaaS 产品本身应该减少系统内的流程处理，除业务必需的流程外，产品设计人员需要尽量减少功能间的依赖，功能互相依赖过多会导致产品的易用度降低，学习成本上升。

3. 用户场景

在传统的软件交付模式中，通过验收目标被置于较高优先级，相对而言，用户体验和需求满足度的重视程度较低。然而，在 SaaS 模式中，续费成为合作的主要目标，交付仅仅是合作的开始。因此，关注并满足用户在实际场景中的需求显得更为重要。

要理解场景，我们不仅需要关注产品本身的处理能力，还需要全面掌握产品周边的工作，例如沟通机制、线下资料交互以及外接设备情况等。这些周边因素可能对产品的持续优化和提升起到关键作用。因此，理解用户场景是获取用户需求的基础，也是我们在后续用户调研环节中需要深入探讨的问题。

2.2.3 制订实现方案

1. 梳理产品现状

有些 SaaS 产品正处在初始阶段，需要通过深入了解公司的相关产品，例如产品规范、公司资源调度方式以及基础服务，来有效利用现有资源和规范推动产品进度。对于那些已经历过多版本迭代并拥有大量用户的 SaaS 产品，经过多年的积累，已经形成了一套完整的产品规范、流程规范以及用户习惯。除了需要了解与公司基本产品相关的情况外，还需要对产品的用户、产品团队、开发团队、运营团队、实施团队等进行深入了解。这些产品参与的各环节都已经形成了一套规范的处理方法。在熟悉这些现有产品框架和业务流程的基础上，我们再去设计产品方案，并与各环节进行沟通，最终使落地的方案相对合理。

2. 明确实现方案

在掌握基础信息后，我们需要根据收集的需求信息、产品历史信息等，提供相对合理的实现方案，一个比较基础的实现方案要考虑以下几点内容：

（1）产品架构

在不同的应用场景中，产品架构的设计会有所差异，尤其是涉及硬件终端和软件产品的架构。SaaS产品的架构也不同于传统的软件产品架构，它对扩展性的要求非常高。随着产品的持续发展，用户群体和数量不断扩大，如果扩展能力不足，可能会成为产品发展的重要制约因素，甚至可能需要重新搭建产品架构。

产品架构可以被比作人体的骨骼，它是支撑整套产品的核心。优秀的产品架构应具备良好的可扩展性和易用性，这对于未来产品的持续发展至关重要。

（2）产品流程

要实现一个优秀的解决方案，需要确保产品流程的清晰和明确。这里所指的产品流程不仅包括业务流程，也涵盖了产品自身的使用流程。通过优化流程，可以降低用户的学习成本，提高操作效率。产品流程的重要性就如同人体的"血管"，能够确保系统内的数据信息顺畅流转和处理。

为了实现流程的清晰和简洁，我们需要突出流程中的关键节点、交互内容和参与角色。在定义流程时，借助流程图是一种非常有效的方法。对于复杂的流程，可以先提供一个总的流程图，然后再提供多个细节流程图，这样能够方便用户理解和阅览。

（3）产品功能

一套实施计划应包含必需的产品功能，并明确功能的定义以及适用的场景。产品功能可以是多个功能的组合，也可以是具体的单一功能，具体取决于产品所处的阶段。在产品从 0 到 1 的开发阶段，功能清单可以较为粗略，在产品迭代过程中，则需要更加精细的清单。

清晰的产品功能清单对产品后续的执行和落地具有重要的指导作用，对于评估工作的优先级、工作量和关键里程碑也具有重要意义。因此，在制定产品功能清单时，需要严谨细致的考虑和描述每个功能及其相关要求，以确保产品建设的顺利推进。

（4）外部系统接入

在规划产品阶段，我们需要识别与产品有交互的系统，并列出这些系统及它们之间的关系和交互流程。同时，确定每个系统所需交互的数据项。外部系统接入时，有些可以复用我们现有的接口，有些系统则需要我们定制开发新接口来进行适配。

SaaS 平台应尽可能统一规定其外部系统的接入标准，以便未来能够高效地与多个系统进行对接。统一接口规范有助于提高接口复用性和多系统管理的效率，从而降低后续对接成本。在制定这些接口标准时，需要结合产品阶段和实际需求，尽可能覆盖更多场景，并保持简单易用的原则。同时，接口升级时需要对原接口进行兼容处理，以确保平滑升级。在条件成熟时，可以考虑将平台升级为开放平台，以吸引更多的合作伙伴，构建产品生态。在某些情况下，如果无法主导接口标准，应根据实际情况选择合适的处理方式。

2.2.4 确定优先级

功能优先级在资源分配中起着决定性作用，它直接影响了产品的市场影响力和竞争能力。在处理功能清单时，不同的上线顺序会对市场产生显著影响，因此准确把握产品优先级至关重要。只有合理安排优先级，才能确保产品紧跟市场节奏，从而最大化其竞争能力。

在为 SaaS 产品制定服务策略时，我们需要全面考虑政策要求、用户范围、需求紧急度、价值度、工作量以及功能前后置条件等因素。在产品规划阶段，我们应初步确定各项功能的优先级，并在后续迭代过程中根据实际情况进行适当调整。

在后续的需求管理章节中，我们将详细探讨如何有效管理需求的优先级。

2.2.5　确定里程碑

在产品规划过程中，为了确保公司和团队之间能够就一些重要事件及时间点进行检查和控制，我们需要明确设定里程碑事件。里程碑的设定一方面有助于明确工作的重点内容，另一方面有助于明确工作的重要时间点，这个时间点可以是工作的开始时间，也可以是工作的截止时间。

在 SaaS 产品的开发过程中，里程碑尤其重要。因为 SaaS 产品的开发周期通常较长，产品迭代也会按照一定的频率进行。因此，我们需要在产品规划周期内明确主要功能上线的时间检查点。这些功能的上线是公司各团队检查和互相配合的基础。

设定里程碑时，除了明确功能目标和优先级外，我们还需要了解资源的投入使用情况。再结合项目管理知识，制定详细的工作计划。

产品规划是确保产品战略能够落地的关键过程。后续我们将详细介绍产品规划的执行，即产品建设流程。

介绍一个我们实际工作中的例子，公司决定做代账行业的发票产品时，评估了多个方面：

- 外部环境：从政策层面，行业产生了大的调整，反垄断态势明显，引入了更多发票服务商。从技术层面，没有很高的技术难度，公司在发票方面有较多积累。从市场层面，企业对发票服务本身存在需求，另外还有快捷快速开票的需求，利用数据流转带来效率提升的需求。行业内也存在一些竞争对手，但产品体验还不够好，服务存在一定的局限。
- 公司战略：公司自身是为中小微企业提供票财税一体化服务的，符合公司的战略方向。
- 目标用户：定位代账群体，是因为公司在代账领域深耕多年，了解代账公司的需求和痛点。
- 产品定位：做代账公司的发票协同管理工具，开始时定位为开票工具，后续随着产品的发展，逐步调整为代账公司的发票协同管理工具。产品提供多元化的管理方式，让代账公司各环节均可通过线上化产品完成发票管理和交付。
- 商业模式：为代账公司提供发票协同管理工具，提升代账公司的工作效率，帮助代账公司更好地服务客户，公司搭建全国代理渠道和服务渠道，根据代账公司开通的企业数量进行收费。
- 产品生命周期：代账公司的发票产品当时处于初步阶段，产品不够成熟，体验不够完善。

从以上方面我们基本明确了产品战略，市场空间很大，行业没有得到很好的满足，公司产品基础好，但在代账的发票领域投入不够，需要更加重视，加大投入。

接下来，我们制定了产品规划。

首先跟业务部门了解业务目标，对业务目标进行拆解，主要集中在完善产品功能，提升产品体验和提升稳定性上。这几点对开拓用户帮助很大。

我们跟行业伙伴和客户了解用户需求，找出目前影响推广的几个关键产品问题点，比如开通过程较慢、核对数据不便、功能覆盖度不够、与其他系统的数据交换不够友好等。

针对这些需求，我们制定了实现方案，并同业务部门确定产品优先级，制定月度和季度产品需要上线的功能，并明确在短期内以提供更多急需功能为主要目标。

基本上在一个季度的时间，补齐产品短板，又用了一个季度的时间，仔细打磨了产品细节。半年左右的时间，产品体验、产品模式在行业内有了一定的口碑，行业地位从"追随者"向"领跑者"转变。

2.3 产品的建设过程

SaaS产品自其首个版本发布以来，其后续阶段一直处于持续的迭代状态，直至产品生命周期结束。一些成熟的SaaS产品会经历数年甚至超过十年的持续迭代。每一次的产品升级都为下一次迭代提供了基础，这是SaaS产品的显著特征。

2.3.1 建设流程

在SaaS产品的建设过程中，一个相对通用的产品建设流程，应该包含需求调研、需求分析管理、产品设计与评审、产品开发、产品测试、产品上线，然后进入到产品运营，获取用户的使用反馈后，再循环这个过程。每个环节又包含若干个子流程。每个环节间要做到流程清晰，职责明确，确保产品建设的过程顺畅、高效。

图 2-3 是产品建设流程的一种方法，供大家参考。

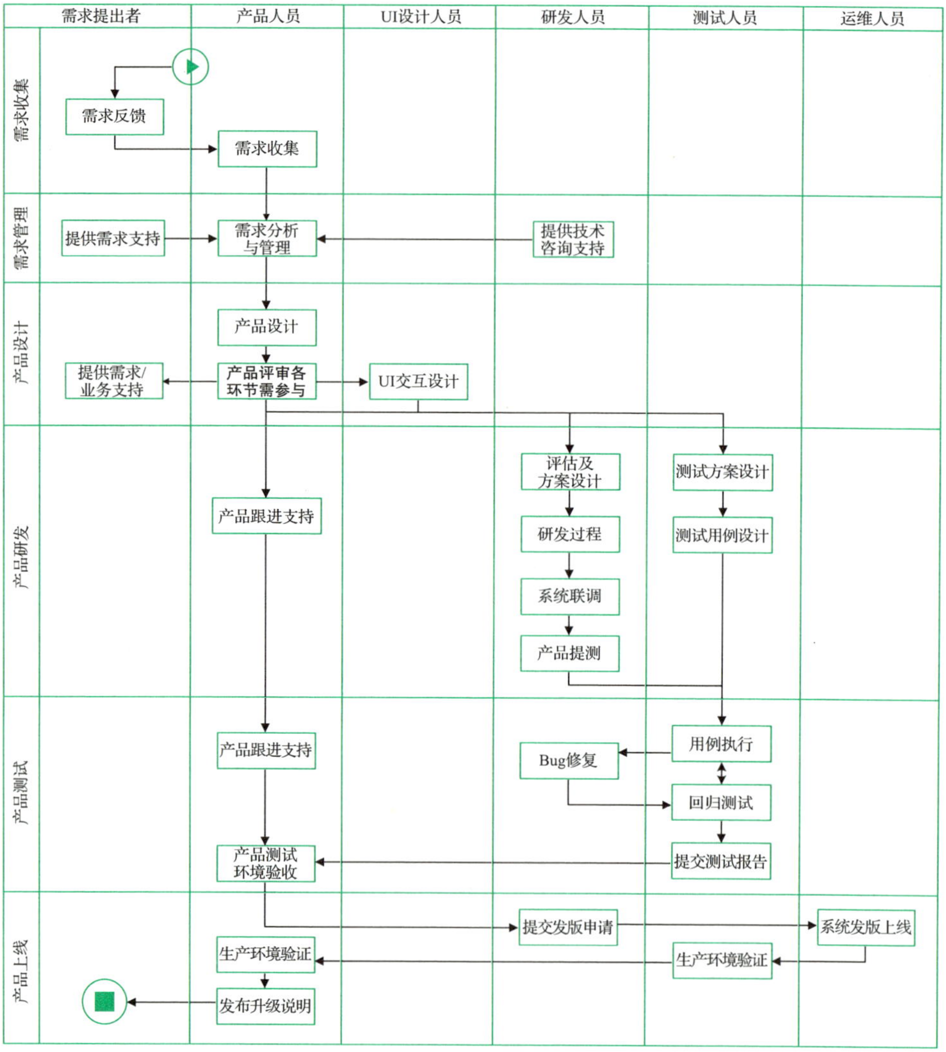
需求提出者
产品人员
UI设计人员
研发人员
测试人员
运维人员
需求收集
需求管理
产品设计
产品研发
产品测试
产品上线
需求反馈
需求收集
提供需求支持
需求分析与管理
提供技术咨询支持
产品设计
提供需求/业务支持
产品评审各环节需参与
UI交互设计
评估及方案设计
测试方案设计
产品跟进支持
研发过程
测试用例设计
系统联调
产品提测
产品跟进支持
Bug修复
用例执行
回归测试
产品测试环境验收
提交测试报告
提交发版申请
系统发版上线
生产环境验证
生产环境验证
发布升级说明

图 2-3　产品建设流程

在 SaaS 产品开发过程中，我们发现流程的每个环节都存在一些与传统软件开发不同的特点。因此，在实施过程中，我们需要不断实践、总结经验，并根据实际情况进行调整。

2.3.2 迭代开发

SaaS 创业面临诸多不确定性，因此通常建议首先构建最小可用闭环的产品（MVP），以缩短开发周期并迅速推向市场。在客户使用过程中收集反馈信息，并根据反馈情况对产品进行调整和修正，以更好地满足目标用户的需求。这种产品建设的特点是需要迅速响应变更，与"迭代开发"模式非常匹配。

迭代开发，也称为迭代增量式开发或迭代进化式开发，是一种与传统的"瀑布式开发"不同的软件开发过程。它弥补了传统开发方式中的一些弱点，具有更高的成功率和生产率。

在迭代开发模式中，整个开发工作被组织为一系列短小的、固定长度的小项目，称为一系列的迭代。每次迭代都包括产品调研、需求分析、产品设计、产品开发、产品测试和产品上线。采用这种方法，产品开发工作可以在一个大系统需求被完整地确定之前启动，并在一次迭代中完成系统的一部分功能或业务逻辑的开发工作，即 MVP（最小化可用产品）。然后通过客户的反馈来细化需求，并开始新一轮的迭代。

迭代开发、敏捷开发、瀑布开发经常在一起比较，我们简单区分一下。

1. 迭代开发和瀑布开发

两者都是软件开发过程中的模型，属于开发模式。

瀑布式开发是一种传统的软件开发流程，它从需求分析开始，逐步进行设计、编码、测试、提交等阶段。在瀑布式开发中，每个阶段都必须达到高质量标准，以确保最终产品的质量。因此，对于需求的确定性要求较高。

瀑布式开发在传统的 2B 企业中较为常见，如 ERP（企业资源计划）、MES（生产执行系统）、WMS（仓储管理系统）、CRM（客户关系管理）、

OA（办公自动化）、IBMS（智能化集成系统）等。此外，在一些大型项目或外包项目中，瀑布式开发仍然被采用。通常情况下，瀑布式开发的周期较长，几个月甚至一年以上是常见的情况。

在迭代开发过程中，我们并不追求每个阶段的任务都达到完美状态。相反，我们认识到存在许多不足之处，因此我们集中精力首先搭建主要功能，以最短的时间和资源投入，完成一个"最小化产品"并提交上线。然后，我们根据客户或用户的反馈信息，逐步对产品进行完善。一般来说，迭代开发的周期较短，通常以"周"为单位，例如1～2周或3～4周。我们当前的SaaS产品基本保持每3～4周迭代一次的速度。

这两种开发模式在流程上并无根本性的区别。即使是迭代式开发，每个迭代阶段也需遵循从需求分析到设计，从设计到编码，再从编码到测试的流程。这与瀑布式模型的流程具有许多相似之处。

迭代式开发更适合于需求信息不明确的项目。在开发过程中，需求变更对迭代式开发的影响相对较小。鉴于目前许多项目中频繁出现需求变化的情况，迭代式开发的优点更加突出。

2. 迭代开发和敏捷开发

迭代开发是一种软件开发的生命周期模型，与瀑布模型、螺旋模型等并列。敏捷开发则是一系列软件开发项目管理方法的集合，其中包括了XP、Scrum等十几种开发模式。这些开发方法具有一些共同点，如重视响应变更、实现客户的价值以及开发人员的自身发展等。在开发方法上，迭代开发和敏捷开发具有局部与整体的关系，其中迭代开发是敏捷开发中的一种项目管理方法。相比之下，敏捷开发所涵盖的内容更为广泛。

在敏捷开发中，团队更注重响应需求及其变更，而相对不重视文档。然而，在SaaS产品的建设中，对需求文档的重视程度逐渐提高。一方面，由于产品持续周期较长，人员变动可能发生，因此文档的完整性、可读性、可理解性和可维护性变得尤为重要。另一方面，随着产品的迭代和产品功能的增加，产品的各种规范和设计细节也越来越多。为了确保整个流程能够按照最初的预期实施，详细的文档是不可或缺的支撑。

2.4 SaaS 产品建设的 4 个环节

在开发面向企业的 SaaS 产品的过程中，我们遇到了一些挑战和困难。通过总结这些经验，并结合一些优秀平台的建设经验，我们形成了一套产品建设原则。这些原则旨在为 SaaS 行业的从业者提供参考，帮助大家更好地开发和管理 SaaS 产品。

这些产品建设原则如图 2-4 所示。

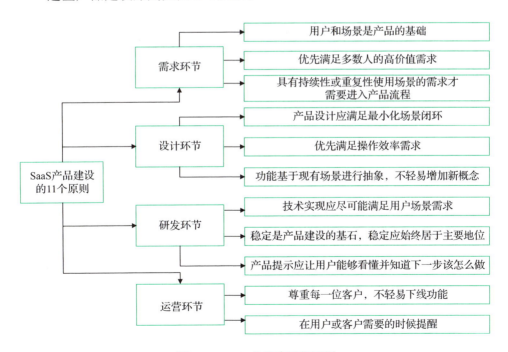

图 2-4　SaaS 产品建设的原则

2.4.1 需求环节

需求管理能力是产品人员最重要的能力,需求的优先级决定了团队资源的投入方向。

1. 用户和场景是产品的基础

产品需求应主要来源于用户,并用于满足具体的使用场景。为了获取这些需求,可以采用多种途径,例如通过市场售后部门、用户反馈、渠道反馈、产品内部沟通总结、竞品分析、上级领导提出、政策要求以及运营部门等途径来获取。

市场对一个产品的接受程度,往往取决于该产品是否能满足市场需求,并有效解决企业的实际问题。因此,我们应该更加关注企业的真实反馈和需求,集中力量解决实际场景中的问题。

对于产品人员来说,对需求进行分析和甄别是至关重要的。每个需求都应尽可能由直接用户提出,以获取最真实的原始需求。对于通过中间人转述的需求,可能存在失真的情况,因为转述过程中可能夹杂了部分转述人的理解,这种失真可能导致产品方案的不完善。

对于非直接用户帮助直接用户提出的需求,应谨慎处理。因为提出方和使用方不一致,需求的合理性和可操作性可能得不到保障。

在处理用户需求时,必须关注场景本身。用户可能不是专业的产品人员,他们提出的需求更可能是要求。直接实现这些要求可能并不满足用户的实际目的或不是最佳操作方式。因此,我们需要了解用户的真实意图和实际要解决的问题。

为了更好地理解实际场景,我们可以使用 5W2H 分析法。详细内容可以在第 3 章的需求调研中找到。

2. 优先满足多数人的高价值需求

在开发产品功能时，我们需要充分考虑投入产出比。为了确保资源的合理分配，产品人员在处理需求优先级时，需要充分考虑各相关方的意见和影响。

从科学技术发展的规律来看，技术总是朝着满足人类需求的方向不断演化。因此，在确定需求优先级时，我们需要充分考虑这些需求是否能够满足大多数人的需求，以及实现这些需求的投入产出比是否合理。只有这样，我们才能确保产品的开发更加科学、合理、有效。

为了实现合理的需求优先级安排，我们需要一套科学的方法来支撑。这需要考虑需求实现的投入产出比，以确保我们的资源能够产生最大的效益。具体的评估方法可以参考第 4 章需求管理环节的内容。

需求的优先级确定后，团队的资源将主要用于实现这些需求。因此，需求优先级的安排必须合理，以确保产品的发展更加健康。

3. 具有持续性或重复性使用场景的需求才需要进入产品流程

如果说前一条原则是对需求管理的最高标准要求，那么本条原则则是对需求管理的最低标准要求。在我们的工作中，存在一些不常出现的场景，这些场景也需要产品化。然而，针对这种低频的操作或一次性工作开发产品，实际上是对产研资源的严重浪费。因此，我们应该通过其他手段来完成这些低频操作或一次性工作，只有在需要的频次上升或者重复操作次数提升时，才将其转化为需要进入研发流程的需求。

2.4.2 设计环节

产品设计是产品人员的基本能力，优秀的产品设计可以增强产品的市场竞争力，提升用户体验和生产效率。

1. 产品设计应满足最小化场景闭环

在产品设计过程中，我们应避免过度追求全面性。在资源有限的情况下，满足最小场景闭环即可。产品以迭代方式推向市场，其特点是快速推出、快速验证，并根据反馈快速优化。

如果一套功能设计过于庞大，会导致迭代周期延长，中间存在的问题可能在推向市场后才被发现，而返工调整会浪费大量的工作量，减缓产品的进步速度，降低产品市场竞争力。

产品设计不应削减必要的功能，强调最小场景闭环，是因为如果上线部分功能，会导致用户最小单元操作无法完成，无法解决用户的问题，从而降低用户的满意度，达不到产品迭代的作用和意义。

2. 优先满足操作效率需求

企业服务产品的核心价值在于助力企业提升收入、降低成本。在营销领域，产品主要关注于满足企业的增收需求。而管理类或其他工具类产品更侧重于帮助企业实现多维度的成本降低，包括管理成本、运营成本以及合规成本等。

为有效降低成本，提高效率成为关键途径，这可以通过多种方式实现，如批量操作、流程优化以及自动化处理等。因此，在产品设计和开发过程中，我们应优先考虑这些能够提高效率的方法，以确保企业能够更高效地运营并实现成本降低。

3. 功能基于现有场景进行抽象，不轻易增加新概念

企业运营往往需要多人协同，需要团队成员对某一场景有共同的理解和认知。

基于用户的现有场景进行抽象，尽可能保证线上的概念和线下基本一

致，可以让用户不需要进行专业的培训学习，就可以理解系统的运作模式。这里的场景包括空间、流程、操作方式等，概念包括专业术语、行业名词、通用词语等。

任何一个新概念的产生，都需要人们去记忆和理解，在多人协同的情况下，一个简单名词也可能会产生理解的重大偏差，这都可能需要花费大量的精力去教育市场、培训用户。因此不要轻易在系统中增加新概念。

2.4.3 研发环节

产品经理应同研发环节紧密配合，研发环节应在实现需求的同时，兼顾产品的稳定和易用。必要的时候需要适当调整优先级和需求条目。

1. 技术实现应尽可能满足用户场景需求

这里强调满足用户的场景需求，而不是满足产品经理的需求，团队成员都有权利提出自己的合理化建议，在对用户操作场景了解清晰的情况下，给出最合适的解决方案。方案达成一致后，再进入研发环节。

技术实现应该尽可能满足用户场景需求，我们在实现需求的过程中，可能会因为实现的复杂度上升，工作量增加而调整方案，如果调整后的方案不能很好地满足用户的需求，则无须调整。

我们必须明确一点，实现功能并非我们的最终目的。我们的首要任务是满足用户场景需求。如果开发出的功能不适用于用户，那么它对用户和客户就没有价值。

2. 稳定是产品建设的基石，稳定应始终居于主要地位

对于已有大量用户的产品，我们必须确保其稳定运行，因为任何不稳定因素都可能对所有用户产生直接影响，导致操作预期无法满足，甚至可

能影响企业的正常运营，带来经济损失。

对于新产品或用户量较少的产品，我们可以适当加快进度，但前提是确保不会对现有系统的稳定性产生负面影响。在面对各相关方的催促和期望提前上线的压力时，我们必须保持冷静和理性，慎重评估新功能上线的风险。

产品经理和技术团队在识别风险后，如果有必要，应该拒绝上线可能影响稳定性的需求。在产品开发过程中，稳定性是至关重要的，我们必须确保产品的稳定性和可靠性，以满足用户的期望和需求。

在企业服务行业，保障产品稳定的优先级高于新功能的实现已经成为基本共识。这是因为已经存在的功能如果无法继续使用，将立即影响所有用户，导致正常的操作预期无法满足。而新功能是尚未实现的功能，用户尚未对其形成依赖。

3. 产品提示应让用户能够看懂并知道下一步该怎么做

在产品设计和研发过程中，我们会遇到各种提示，其中许多提示可能未经精细处理。例如，当遇到异常情况时，研发人员可能会直接抛出异常，或者根据自己的理解提供提示，而这个提示可能过于技术化，从而导致用户无法理解。

系统提示对于用户体验至关重要，因为用户的每次操作都期望得到预期的反馈。如果预期未得到满足，那么很可能出现了某种"问题"。在这种情况下，用户需要明白发生了什么事情，以便采取进一步的行动来解决这个问题。因此，系统提供的提示首先需要用户能够理解，其次需要指导用户下一步应该如何操作。

产品经理需要关注并参与各种提示的优化，为研发和其他环节的伙伴提供支持。优秀的产品提示可以胜过多次的产品培训，为用户提供更好的使用体验。

2.4.4 运营环节

1. 尊重每一位客户，不轻易下线功能

用户已使用我们的功能并与其达成协议，突然下线该功能将导致用户原有操作习惯的改变，甚至可能影响其原有业务操作的完成。这种改变为用户和客户带来的体验将是非常糟糕的。因此，如果产品经理必须下线某项功能，应尽可能提前与客户沟通，并提供可替代方案，以最大限度地减轻对客户造成的影响。

2. 在用户或客户需要的时候提醒

在产品运营过程中，过多的提醒和交流可能会对用户造成干扰，而完全不做又可能导致用户忽略一些重要工作，从而影响客户的正常使用。因此，我们应该在避免打扰客户的前提下，确保在客户需要时提醒到位。

遵循这些原则是我们在 SaaS 产品领域取得成功的基础。若违背这些原则，可能会带来不良的后果。因此，我们需要在实践中不断思考、研究和优化，以确保产品的持续改进和提升。在此，我们分享这些原则，供读者朋友参考。

2.5　战略规划的 5 个实用工具

在制定产品战略规划时，我们可以通过运用一系列工具来辅助决策过程。这些工具不仅适用于产品决策，还可以应用于公司的战略规划。然而，本文的重点并非详细介绍这些工具，而是希望读者朋友们能够了解这些方法及其所能解决的问题。互联网上有很多关于这些分析方法的详细介绍，大家可以在需要时进行深入的研究和了解。

2.5.1 SWOT 分析

SWOT 分析法是战略管理中环境分析的常用方法之一。

所谓 SWOT 分析，就是将企业的各种主要优势因素、劣势因素、机会因素和威胁因素，通过调查罗列出来，并依照一定的次序按矩阵形式排列起来，然后运用系统分析的思想，把各种因素相互匹配起来加以分析，从中得出一系列相应的结论。这种方法有利于清楚的确定公司的资源优势和缺陷，了解公司所面临的机会和挑战，对于制定公司未来的发展战略有着至关重要的意义。

- S——优势（Strength）是组织机构的内部因素，具体包括：有利的竞争态势，充足的财政来源，良好的企业形象，技术力量，规模经济，产品质量，市场份额，成本优势，广告攻势等。
- W——劣势（Weakness）是指在竞争中相对弱势的方面，也是组织机构的内部因素，具体包括：设备老化，管理混乱，缺少关键技术，研究开发落后，资金短缺，经营不善，产品积压，竞争力差等。
- O——机会（Opportunity）是组织机构的外部因素，具体包括：新产品，新市场，新需求，市场壁垒解除，竞争对手失误等。
- T——威胁（Threat）也是组织机构的外部因素，具体包括：新的竞争对手，替代产品增多，市场紧缩，行业政策变化，经济衰退，客户偏好改变，突发事件等。

制定 SaaS 产品战略时同样可以使用 SWOT 去分析。

使用 SWOT 分析制定产品战略是一个系统性的过程，可参考以下步骤：

1）收集信息：首先需要收集与产品相关的信息。这包括产品的内部优势和劣势，以及外部的机会和威胁。可以通过市场研究、竞争分析、用户反馈、技术趋势等方式来获取信息。

2）分析 SWOT：在收集到足够的信息后，进行 SWOT 分析。将收集到的信息分别归类到四个方面，识别出产品的优势、劣势、机会和威胁。这可以通过制作 SWOT 矩阵图或列表进行可视化。注意对于 SaaS 来说，同一个产品在不同的行业或面对不同的用户，它的优劣势可能是不一样的，因此有必要根据行业或用户群体进行分类分析总结，甚至需要制定出不同版本的产品战略。

3）制订战略行动计划：基于 SWOT 分析的结果，制订战略行动计划。根据产品的优势和机会，制定战略措施以利用和扩大优势，抓住机会。同时，根据产品的劣势和威胁，制定对策以弥补劣势，应对威胁。

在制订战略行动计划时，可以考虑以下几个方面：

- 市场定位：根据产品的优势和机会，确定产品的目标市场和定位。例如，如果产品在某个领域具有独特的技术优势，那么可以将其定位为该领域的专家或领导者。
- 竞争策略：根据产品的劣势和威胁，制定竞争策略。例如，如果产品在价格方面处于劣势，那么可以通过提高产品质量、增加附加值等方式来提高产品的竞争力。如果不能通过产品层面解决，还可以通过营销策略比如降价来应对市场。
- 营销策略：根据产品的优势和机会，制定营销策略。例如产品如果具有创新性或独特性，那么可以通过宣传其独特卖点来吸引消费者。
- 资源整合：根据产品的劣势和威胁，整合资源以弥补劣势或应对威胁。例如，如果产品在技术方面存在瓶颈，那么可以寻求合作伙伴或投资者的支持来解决问题。
- 持续改进：在实施战略行动计划的过程中，需要持续收集反馈并改进产品。例如，可以通过用户反馈、市场研究等方式来了解产品的优缺点，并不断改进产品以满足市场需求。

总之，使用 SWOT 分析制定产品战略需要全面考虑产品的内部和外部环境，以及市场的机会和威胁，从而制定有针对性的战略行动计划，以有效地推动产品的市场表现和发展。

SWOT 分析法的重要贡献就在于用系统的思想将这些似乎独立的因素相互匹配起来进行综合分析,使战略计划的制定更加科学全面。

2.5.2 PEST 分析

PEST 分析是指宏观环境的分析,P 是政治(Politics),E 是经济(Economy),S 是社会(Society),T 是技术(Technology)。在分析一个企业集团所处的背景的时候,通常是通过这四个因素来分析企业集团所面临的状况。

进行 PEST 分析需要掌握大量的相关研究资料,并且对所分析的企业有深刻的认识,否则,此分析很难进行下去。经济方面的主要内容有经济发展水平、规模、增长率、政府收支、通货膨胀率等。政治方面的主要内容有政治制度、政府政策、国家的产业政策、相关法律及法规等。社会方面的主要内容有人口、价值观念、道德水平等。技术方面的主要内容有高新技术、工艺技术和基础研究的突破性进展。

有时,也会用到 PEST 分析的扩展变形形式,如 SLEPT 分析、STEEPLE 分析,STEEPLE 是以下英文单词的缩写,社会/人口(Social/Demographic)、技术(Technological)、经济(Economic)、环境/自然(Environmental/Natural)、政治(Political)、法律(Legal)、道德(Ethical)。

PEST 分析是公司做战略时不可或缺的分析方法,可以用于预测行业发展趋势。本文的产品战略分析思路也用到了该方法。

2.5.3 波士顿矩阵法

波士顿矩阵又称市场增长率–相对市场份额矩阵、四象限分析法、产品系列结构管理法（BCG）等。波士顿矩阵法是指公司发展能够与千变万化的市场机会之间取得切实可行的适应，就必须合理地在各项业务之间分配资源的方法。方法应用有发展、维持、收获、放弃。

此方法认为，企业的利润来源于拳头产品。多品种是一种很好的分散风险的策略，交替地支撑着企业的发展。它用市场增长率和相对市场占有率两个指标来描述企业经营业务的状态，针对每项业务所处的状态进行战略选择。

它将需求增长率和相对市场占有率作为衡量标准并形成矩阵图形，然后对企业的经营领域进行分析和评价。需求增长率反映了市场需求对企业的吸引力，某种经营领域的需求增长率大，对企业从事该生产经营活动的吸引力也大。相对市场占有率反映了企业某种经营领域在市场中的竞争地位，这一指标高，反映该经营领域的竞争地位强。

使用波士顿矩阵法制定产品战略，可以按照以下步骤进行：

1）确定产品组合：首先，需要确定企业所拥有的产品组合。这包括企业正在销售的所有产品线，以及潜在的新产品或服务。

2）评估产品市场地位：对每个产品进行市场地位评估。这包括确定产品的市场增长率、市场占有率以及盈利能力。这些数据可以通过市场研究、销售数据、财务报告等途径获得。

3）确定产品类型：根据产品市场地位评估结果，将产品分为四种类型：明星产品、问题产品、现金牛产品和瘦狗产品。明星产品是指高增长率、较高市场占有率的产品，问题产品是指高增长率、低市场占有率的产品，现金牛产品是指低增长率、高市场占有率的产品，瘦狗产品是指低增长率、低市场占有率的产品。

4）制定战略：针对不同类型产品的特点，制定相应的战略。

- 对于明星产品，加大投资，支持其迅速发展，扩大市场份额，提高市场占有率，目标是将其培养成现金牛产品。

- 对于问题产品，投入必要资金使其向明星产品转变。如果无法实现这个目标，那么可以逐步淘汰这种类型的产品。
- 对于现金牛产品，这是企业的主要收入来源，因此需要保持其稳定发展，不要轻易改变其市场定位。对于现金牛产品的战略应该是尽可能延长它的寿命周期。
- 对于瘦狗产品，逐步淘汰这种类型的产品，或者寻找新的用途和市场。

5）实施战略：将制定的战略付诸实践。这可能包括改变销售策略、加大研发投资、提高产品质量、优化定价策略等。同时，也要确保资源在各个产品之间得到合理分配。

6）监控和调整：在实施战略的过程中，需要密切关注市场变化和竞争态势，对战略进行及时调整。同时，也要定期评估战略的实施效果，以便及时发现问题并进行改进。

使用波士顿矩阵法制定产品战略需要全面考虑产品的市场地位和特点，以及企业的资源和能力，通过制定有针对性的战略并付诸实践，可以有效地推动产品的市场表现和发展。

2.5.4 波特五力分析

波特五力模型是迈克尔·波特（Michael Porter）于 20 世纪 80 年代初提出的。他认为行业中存在着决定竞争规模和程度的五种力量，这五种力量综合起来影响着产业的吸引力以及现有企业的竞争战略决策。五种力量分别为同行业内现有竞争者的竞争能力、潜在竞争者进入的能力、替代品的替代能力、供应商的讨价还价能力与购买者的议价能力。

第一，现有竞争者的竞争能力。分析现有竞争对手，了解当前市场上的竞争对手，包括其规模、市场份额、产品和服务特点等；评估竞争对手的策略，分析竞争对手的定价策略、市场定位、市场份额的变化等。

第二，潜在竞争者进入的能力。评估市场的准入难度，分析新企业进入市场的难易程度，包括资本需求、法规限制、技术门槛等；考虑品牌忠诚度，如果存在强大的品牌忠诚度，可能会降低新进入者的威胁。

第三，替代品的替代能力。分析替代品的可用性，评估市场上其他产品或服务是否能够满足相似的需求，可能取代你的产品；考虑成本切换，如果顾客切换到替代品需要高成本，那么替代品的威胁较小。

第四，购买者的议价能力。分析买家的集中程度，了解市场上买家的数量以及他们的购买力；考虑产品的差异化程度，如果产品或服务相对标准化，买家的议价能力可能更强。

第五，供应商的讨价还价能力。评估供应链的关键性，如果供应商是关键的、稀缺的资源，他们可能拥有更强的议价能力；考虑供应商的集中程度，如果供应商集中在少数几家，他们可能对价格和供货条件有更大的掌控力。

根据对这五个力量的分析，企业可以制定相应的产品战略：

- 强化竞争优势：如果竞争力较强，可以通过不断提高产品质量、降低成本、创新等手段来强化竞争优势。
- 降低买家议价能力：可以通过提供独特的价值、建立品牌忠诚度、差异化产品等方式来降低买家的议价能力。
- 降低替代品威胁：通过不断创新、提高产品质量、提供独特的服务等来降低替代品的吸引力。
- 减弱供应商议价能力：多样化供应商来源、建立稳定的供应链、寻找替代的供应商等方法可以降低供应商的议价能力。
- 设法降低新进入者的威胁：这可以通过提高进入门槛、建立品牌、积累市场经验等方式来实现。

使用波特五力模型，企业可以更全面地了解其所处行业的竞争环境，从而制定更有效的产品战略，提高市场竞争力。需要注意的是，产业环境是动态变化的，因此这个分析应该定期进行更新。

波特五力模型将大量不同的因素汇集在一个简便的模型中，以此分析一个行业的基本竞争态势。五种力量模型确定了竞争的五种主要来源，即供应商和购买者的讨价还价能力，潜在进入者的威胁，替代品的威胁以及最后一点，来自同一行业的公司间的竞争。

竞争战略从一定意义上讲是源于企业对决定产业吸引力的竞争规律的深刻理解。任何产业，无论是国内的或国际的，无论生产产品的或提供服务的，竞争规律都将体现在这五种竞争的作用力上。因此，波特五力模型是企业制定竞争战略时经常利用的战略分析工具。

关于波特五力模型的实践运用一直存在争论。较为一致的看法是该模型更多是一种理论思考工具，而非可以实际操作的战略工具。该模型的理论是建立在以下三个假定基础之上的：制定战略者需要了解整个行业的信息，显然现实中是难以做到的；同行业之间只有竞争关系，没有合作关系。但现实中企业之间存在多种合作关系，不一定就是你死我活的竞争关系；行业的规模是固定的，因此，只有通过夺取对手的份额才能占有更大的资源和市场。但现实中企业之间往往不是通过吃掉对手而是与对手共同做大行业的蛋糕来获取更大的资源和市场。同时，市场可以通过不断的开发和创新来增大容量。

所以在使用波特五力模型时，需要考虑这些问题，同时结合其他方法一起使用。

2.5.5 竞争战略分析

竞争战略分析，就是要讲清楚"行业""竞争""战略"三个方面，竞争战略分析的主要目的在于了解竞争对手的经营状况，了解目标客户的未来需求以及发现新的消费点和新的客户群，最终达到在未来市场竞争活动中占据主导位置的目的。

"竞争战略"是被誉为"竞争战略之父"的美国学者迈克尔·E.波特（Michael E.Porter）于 1980 年在其出版的《竞争战略》(*Competitive Strategy*)一书中提出的，波特五力理论模型也是出自他的手笔。"竞争战略"属于企业战略的一种，它是指企业在同一使用价值的竞争上采取进攻或防守的长期行为。波特为商界人士提供了三种卓有成效的竞争战略，它们是总成本领先战略、差别化战略和专一化战略。

在 SaaS 行业中，竞争战略被用得"淋漓尽致"。

首先，Saas 产品是基于总成本领先策略提出的，SaaS 产品从硬件到软件的使用成本，相比传统软件有很大的优势，硬件和软件都在进行"复用"，用户只需要按使用量付费，减少了企业的基础成本投入和软件开发成本。

其次，SaaS 产品一般会基于一个痛点切入，打造优秀的用户体验，针对痛点的解决方案，就是基于传统方案或现有方案的差异化而提出的，如果没有更优秀的解决方案，自然客户也不会采用。

最后，SaaS 产品一般配置客户成功团队，客户成功团队的职责是将行业的专业知识进行总结、提炼再分享给客户，这是一种更为专业的服务方式，产品和服务进行有机结合，带给客户更高的满意度。

所以在 SaaS 行业中，竞争战略是我们需要经常使用的，我们要定期进行复盘、总结，持续提升产品竞争力。

此外，波特还提出了"价值链理论"，这是一种应用于战略分析的工具。当然，还有其他类似的战略分析方法。我们需要根据产品及公司的自身情况，找到一套能够掌握的、有效的分析方法。

2.6　本章小结

本章重点阐述了在产品开发过程中，如何制定产品战略与规划，以及如何构建整体产品建设流程。同时，本章探讨了在产品建设过程中应遵循的原则，同时列举了一些常用的战略分析方法，以供参考。第 3 章至第 8 章将逐一对产品建设过程进行详细解析，介绍在 SaaS 产品实践中如何逐步实现产品战略的具体落地。

第 3 章

产品调研

> 凡事都要脚踏实地去作，不驰于空想，不骛于虚声，而惟以求真的态度作踏实的工夫。以此态度求学，则真理可明；以此态度作事，则功业可就。
>
> ——李大钊

在产品战略明确之后，产品启动的首要核心任务，就是去更进一步了解市场和客户需求。产品调研的目标就是搞清楚市场需要什么，用户需要什么。正如李大钊先生所言，"惟以求真的态度作踏实的工夫"才能有所成就，否则后续的产品则如搭建在流沙之上的建筑。本章我们将会介绍一些产品调研的方法，并分享在 SaaS 产品调研过程中比较高效实用的调研技巧。

3.1 什么是产品调研

我们有时会听到市场调研、竞品调研、用户调研、需求调研、问卷调查、用户访谈、头脑风暴等一堆名词，这里我们简单地归一下类。

市场调研（Market Research）是一种把消费者及公共部门和市场联系起来的特定活动——这些信息用以识别和界定市场营销机会和问题，产生、改进和评价营销活动，监控营销绩效，增进对营销过程的理解。市场调研实际上是一项寻求市场与企业之间"共谐"的过程。

很多调研都可以归类为市场调研，比如用户调研、技术调研、政策研究等，上一章提到的 PEST 分析法也是市场调研的一种。市场调研一般在制定战略规划阶段使用。

对于"产品调研"一词，笔者目前尚没有查到比较权威的定义。产品调研可理解为与产品相关的调研，包含用户需求调研、竞品调研、功能调研、运营调研等多个方面，一般在规划产品功能或设计产品细节的过程中使用。

"问卷调研""头脑风暴""用户访谈""现场观察"等是调研的一些方式。

在推进产品的过程中，我们常采用"需求调研"与"竞品分析"两种方法。需求调研旨在确定市场需求，明确满足需求的具体内容；竞品分析则有助于分析竞争对手的发展状况和战略意图，以便我们有选择地借鉴。下面我们将针对需求调研与竞品分析展开论述。

3.2 需求调研

需求调研，也被称为用户需求调研，主要目的在于理解并揭示用户的真实使用场景，进而将这些信息转化为产品需求。由于 SaaS 产品的持续迭代特性，用户调研工作也必须持续进行。因此，我们需要建立并维护与用户的良好关系，以便后续的调研工作能够顺利进行。

3.2.1 需求调研的意义

我们需要为市场匹配一个产品，而不是为产品匹配一个市场。

在做产品的过程中，特别是 B 端 SaaS 产品，需要解决很多实际应用场景问题，这要求我们的产品人员对用户及场景非常了解。深入了解行业现状和用户诉求，才能设计出更符合市场需要的产品。

1. 了解实际情况

通过对客户的当前工作状况、管理模式、制度流程等方面的深入了解，掌握用户实际场景。

2. 找出系统偏差

研究系统与实际场景之间的差别，分析哪些场景适合进行系统化处理，哪些场景在线管理会更具挑战性，以及哪些场景可以在线上实现优化。

3. 分析问题并确定核心问题

针对所收集的需求信息进行分析，对其进行分类整理，识别出与现有产品存在偏离的需求点，并提炼出具有共性的核心问题。

4. 增强客户使用意愿

针对共性关键问题，结合当前产品状况，实施迭代优化，使产品更加适应客户的实际管理需求，大幅提升工作效率，从而增强客户使用意愿并形成对系统的依赖。

3.2.2 需求调研的过程

需求调研过程可分为以下几个阶段：确定调研目标、制订调研计划、选择调研对象、确定调研方式、设计调研问题、规划行程安排、执行调研过程、汇总分析调研结果以及调研反馈。下面我们将对关键环节进行探讨。

3.2.3 需求调研计划

1. 确定调研目标

进行需求调研，首先要明确调研目标，确定期望达到的效果。在明确大方向后，方可展开后续规划。

2. 选择调研对象

在明确目标之后，紧接着需要对目标进行细化，并明确调研对象。在调研分析过程中，调研对象往往是关键的利益相关者，因此对其进行精细化管理显得尤为重要。需要确定的内容包括调研对象的范围、职位、数量、访谈时长、地点以及沟通方式等。

调研对象可能包括决策者、使用者，或是仅作为参与者。不同角色之间的利益可能存在差异，甚至可能产生冲突。例如，某些管理类需求可能增加基层使用者的工作负担，这就需要我们在业务团队中综合考虑商业目标、产品定位、客户体验等多种因素，寻求平衡。

针对 SaaS 产品，由于用户众多，我们在选择调研对象时，可以分别针对几类典型客户或用户进行调研。

3. 确定调研方式

在探讨调研方式时，我们需要关注用户访谈、问卷调查以及调研会议（如客户反馈会议等）等多种方式。

4. 设计调研问题

（1）如何设计调研问题

通过合理设计调研问题，能够有效地引导和提示受访者，从而更准确地收集所需信息。运用 5W2H 等方法，可以对调研问题进行全面、系统的梳理和分析，确保调研结果的准确性和有效性。

- Who：由谁来完成。
- Where：在哪完成。
- What：完成什么事情。
- When：什么时间完成。
- Why：为什么要完成。
- How：怎么完成。
- How much：涉及哪些费用。

（2）分层设计调研问题

在制定需求调研目标时，我们可能涉及多个不同的职位范畴，而调研对象往往具有多样的职务特性。在进行调研时，需要充分考虑调研对象所处的层次，并针对不同层次的人群，设计相应层次的问题。

调研问题可分为战略层、战术层和执行层三个层面。

1）战略层问题。被调研者需要具备较高的视野或职位，以便对总体目标有清晰的认知和规划，明确最终实现的目标方向。在了解战略目标后，基本方向更为明确，有助于避免调研人员走弯路。

2）战术层问题。被调研者需要关注各类策略制定，比如管理流程、营销策略、定价策略等，这些策略一般是对公司总目标的分解，被调研者集中在中高层管理人员，从事管理类工作较多。管理类需求的实现是决定客户是否采购的重要评判依据。

3）执行层问题。调研对象通常为执行层人员，此类调研在总体目标明确、流程清晰的基础上进行。主要问题集中在具体工作任务上，对于工作任务分配及工作效率提升具有迫切需求。在进行调研时，应关注执行层的具体业务细节，以发掘需要进行增效提速的需求痛点。

（3）设计调研问题的注意事项

1）适当删减。针对某项工作进行调研时，可以对问题进行适当精简。对于已较为明确的背景信息，无须再次进行沟通确认，以降低沟通成本。

2）设计开放性问题。可以设计一些开放性问题。我们很难考虑到所有的情况，设计开放性问题，有时会有意想不到的收获。

3）尽量不做假定性设定。设计问题时，以了解客户的实际操作为主，尽量不设计假定性问题（方案设计环节可以使用）等。

4）不设计诱导性问题。提问要避免诱导或误导，以获取客观回答。例如："您认为我们×××功能哪里好用？"这里的"好用"一词就存在诱导性，可能会对回答者施加一定的影响，使其更倾向于提供积极的回答，而不是客观和中立的评价。在这个问题中，使用了"好用"这个积极的词汇，可能会导致被问者更倾向于强调产品或功能的优势，而不太愿意谈及可能存在的缺点或改进的空间。如果希望获取更加客观的意见，可以考虑使用更中立的措辞，例如，"您对××功能有何评价？"或者"您认为××功能的优点和缺点是什么？"这样的问题更有助于收集多样化和平衡的意见。

调研问题设计可参考表 3-1（内容可自行设计）。

表 3-1 需求调研表

需求调研表					
访谈对象		公司/部门		职位（职业）	会计
联系电话		邮箱		访谈时间	
访谈人		访谈地点			
访谈目的					
访谈记录					
问题			原始回复		
1. 您的部门大概多少人					
2. 日常工作有哪些					
3. 一般用什么工具完成					
4. 有没有时间要求					
5. 每人/每天处理多少×××					
6. 怎么收费，谁负责跟进收费					
7. 客户一般怎么沟通					
8. 客户的要求集中在哪些方面					
9. 工作中感觉比较困难的事项					
10. 哪些工作占用较大工作量					
×××××					

（4）规划行程安排

调研启动前，先沟通好行程，让配合调研的客户或伙伴有相应的准备。能够抽出时间及精力，配合我们的调研。

3.2.4 需求调研的执行过程

我们以用户访谈作为示例来进行需求调研的过程。

1. 切入

根据行程的安排，在与对方见面时，简要阐述来意和目的。随后，可以根据现场的氛围，适当探讨一些简单的问题，并以真诚的态度赞美对方的优点，从而拉近与被调研者的距离。

2. 观察

观察力是产品经理必须具备的能力，我们在观察时，要注意人、场、事、流。其中，人、场、事是比较容易观察的，流程想通过观察获得，有时会有一些困难。可以结合提问来了解情况。

- 人：观察人的年龄、性别、穿着、情绪、说话风格等，迅速了解这个人的一些基本特点，以调整应对方式。
- 场：多观察办公场景，场景是线上和线下结合的重要参考因素。有时候，你看了他们的办公环境，就知道有些功能他们一定不会用。观察整体办公环境，可能会发现一些协同的地方，比如共同区域、管理流程等。观察个人办公环境，可以分岗位去查看，每个不同岗位，桌面上或桌面下以及办公桌周边，配置的物品会有所不同。可根据不同物品的摆放，找到一些不便捷的地方或者很好的地方，考虑线上化实现的方式及利弊。

- 事：观察被访谈者的办公状态：重点关注处理工作时的场景，在沟通过程中，可让被访谈者示例办公过程。关注其他人的办公状态：我们访谈时，往往会把注意力放在被访谈者身上，而那些没有参与访谈的，他们的工作状态往往更加真实，可以多留心观察。
- 流：对于一些工作流程要特别关注，工作流往往属于比较复杂的协同工作，这些工作流程对于线上化的需求比较强烈，线上系统对流程协同容易找到更好的解决办法，提升协同和沟通效率。

3. 提问

在熟悉环境时，我们就可以展开提问环节。提问的过程不用过于正式，实际上，在与访谈对象边聊边问的过程中，我们能更好地了解他们的日常工作。把握好提问的时机，无须严格按照访谈清单逐一提问。在提问过程中，若发现某些回答不够明确，或者发现之前未曾考虑到的问题，可以及时追加提问，以便更清晰地了解事实。整个访谈过程可进行录音，以便后续整理。

4. 倾听

在访谈过程中，要注意倾听，适时予以肯定，交谈过程中，不要出现否定客户的行为或者言辞，鼓励受访者充分表达，我们则以倾听为主。

需求调研的过程，并非立刻解决客户问题的过程。对于访谈中客户提出的疑问，可以适度回应，但应尽量保持调查主题的聚焦。针对用户在操作或系统使用方面的不当之处，不必急于纠正，而应尽快了解背后的原因，这可能就是产品优化的重要参考依据。

5. 感受（同理心）

感受实质上是沟通过程中的一种心理现象，我们应具备同理心，尽量从客户的角度出发去看待问题。由于每个人所处的岗位、环境、认知水平不同，客户给出的回答有可能并无太大价值，但这种差异本身即具有价值。客户的回答代表了一部分人的认知或问题，他们同样是我们的目标用户。若我们能妥善解决这类人的需求，对产品的发展将产生积极影响。

同理心是我们做好产品很重要的品质。

6. 记录

在访谈过程中，记录问题有时可能会变得困难，如果条件允许，您可以记录一些提纲性质的内容，并在事后进行整理。为了确保内容的准确性和完整性，最好准备一个录音设备，如录音笔或手机录音功能，以便在访谈结束后进行整理和回顾。

7. 合理帮助（可说可不说时，则不说）

在处理客户提出的疑问或需求时，若发现其明显违背常识或持有错误的知识内容，可适时给予提示。若在把握尺度上存在疑虑，亦可暂不提出，以防沟通氛围受影响。

针对个性外向、乐于学习且易于接受的客户，直接指正错误或许不成问题，但对于身份重要、作风严谨的客户，现场指正可能会引发其他不必要的困扰。

访谈结束时，确认受访者有无其他问题，并表达感谢之意。

3.2.5 需求调研的结果汇总

1. 调研样本归类

在需求调研完成后，要对调研收集的内容进行分类整理，同时对不同客户特性进行归纳总结，以便深入了解客户群体特性和问题类型。

2. 问题汇总

针对问题进行归纳整理，统计相同问题下相同答案及不同答案的占比。若存在不确定内容（如每人给出的答案各异），可适当扩大调研样本量，或记录后进行分析研究。

3. 统计个性与共性问题

在问题汇总过程中，要对个性问题与共性问题进行统计。共性问题通常是我们须重点关注和处理的内容。对于部分个性问题，我们保持敏感度，特别是关注用户在回答过程中涉及的本能需求（如贪、懒等），这类问题可能具备潜在价值。

4. 合理推理

对于部分调研成果，有必要实施恰当的推理过程，以揭示调研数据背后的成因。通过对调研结果的深入分析推理，我们能得出更为恰当的结论。在用户反馈的问题中，有时并非真实状况，可能是用户自身尚不明确其需求或原因。此时，合理推理有助于解决疑问。

5. 补充收集内容

在有些问题未能一次性沟通明确的情况下，可在事后适时联系受访者，进一步了解相关情况。注意避免零星提问，应将问题梳理汇总后，进行集中沟通，以提高沟通效率。当然，具体操作方式需要视客户状况而定，若双方关系融洽，可灵活处理。

3.2.6 需求调研的反馈

调研方式不同，所需的反馈也有所不同。以用户访谈为例，在调研结束后，部分客户或协调人员可能希望获得调查成果的反馈。我们可以对收集到的内容进行整理，并保持与相关方的沟通，以便及时向他们反馈结果（如后续工作安排等）。

3.3 竞品分析

在行业中有一些竞争对手的存在，对产品团队来说是一件幸事。竞争对手的产品功能、实现方案以及他们经历的失败尝试，都为我们提供了宝贵的参考和启示。他们的成功经验可以为我们提供借鉴，失败的尝试则提醒我们避免重蹈覆辙。我们要以开放的心态面对竞争，从中学习并汲取经验，提升产品的竞争力。

针对竞争对手的分析，需要从多个维度进行，并根据企业所处的发展阶段，关注不同层面的内容。

在企业战略和产品战略阶段，需要确定所在行业，进而选择行业内的竞争对手，甚至要关注跨行业的竞争对手。例如，照相机行业的竞争对手不仅包括同行业的厂商，还可能来自智能手机行业。接下来，全面了解竞争对手的商业模式、团队构成、市场营销、发展态势、产品定位与布局、运营状况、用户特征、用户评价等诸多方面，以全方位评估竞争对手在市场中的影响力度。

进入产品阶段后，主要对竞争对手产品进行分析，即展开竞品分析。竞品分析作为竞争对手分析的一个环节，在产品层面的研究需要涵盖用户群体、用户场景、产品功能、商业模式等各个方面。针对产品功能，竞品分析通常包括流程分析、功能分析、交互分析等层面。值得注意的是，我方产品与竞品之间存在发展阶段的差异，因此在不同产品发展阶段，关注竞品的程度和维度也会有所区别。

3.3.1 分析目的

在产品推进过程中,我们对竞品进行分析的目标各异,有的属于初次分析,有的需要定期进行,有的要求全面评估,而有的仅关注特定功能方面。因此,根据不同的分析目的,分配相应的资源投入。竞品分析是一项耗时且费力的任务,我们应根据实际需求进行,带着明确的目标去分析,以免在繁杂的资料中迷失方向,以至于无法确定分析成果的价值。

3.3.2 选取竞品

在产品战略规划阶段,竞品选择通常已经完成,但前期工作或许存在疏漏。随着时间的推移,可能会出现新的竞品。因此,在产品阶段进行竞品分析时,需要根据市场变化情况,重新挑选合适的竞品。

竞品选择可以从以下方面进行:行业领导者的产品、对标的产品、非同行但具有替代性的产品以及上下游环节的产品。行业领导者的产品往往展示出全局性的战略布局,其中某款产品可能仅仅是生态体系中的一个环节。对标的产品与我们的产品直接产生竞争,需要特别关注。非同行但具有替代性的产品,能为我们带来更具远见的产品视野,未来可能对自身产品产生颠覆性影响。随着产品布局的调整和发展,上下游环节的产品也可能涵盖现有产品,尤其是轻量的工具性产品,可替代性较强,更应关注上下游合作伙伴的产品动向。

3.3.3 信息获取

SaaS 产品的信息获取相对容易,我们可以通过以下途径获取,并从中挖掘出有价值的信息。

1. 竞品官方网站

竞品官网可以给我们提供非常直接的官方信息，相对比较权威，但部分存在更新较慢、内容过时的问题。

2. 公众号、抖音号等

部分行业公众号、抖音号以及企业公众号会发布有关行业动态或竞争对手的信息，值得关注。这些信息具有较高的实时性，获取途径相对便捷。

3. 产品试用

可以购买或者免费体验竞品的产品功能和 SaaS 试用账号，部分功能可能受限，通常而言，购买高级版本可获得更全面的功能。此外，可通过销售、代理商、交叉客户等途径获取使用账号。获取账号后，可尝试与在线客服沟通，以了解一些非直观的产品信息。

4. 各类报告

一些大型的竞品公司可能会发布财报等报告文件，这些文件提供了销售数据、增长情况等重要信息。此外，一些公司还会举办产品发布会，公布其产品信息和发展规划。参加行业论坛、峰会等活动也是获取竞品信息的重要途径。同时，行业调研报告也是了解竞品情况的重要来源，如 36Kr、艾瑞、IT 桔子、比达数据，以及企鹅智酷、阿里研究院等都是发布这类报告的机构。

5. 统计网站

有些统计网站会提供一些统计信息，包括网站访问信息和 App 下载、发版等各类数据。统计网站免费收费均有，网上可以搜索到很多这类统计网站。

6. 招聘网站

如果要了解对方产品团队情况，可以参考一些人才网站的招聘信息（包括对手官网的招聘信息）、人才网站同行业人才简历更新等。

7. 竞品用户访谈

在有些情况下，我们可以寻求与竞争对手的用户建立联系，深入了解他们的真实体验和应用状况。相较于我们收集的一系列资料，用户访谈或许能带来更为丰硕的成果，为我们提供网上无法获取的那些重要信息。

3.3.4 分析维度

竞品分析涉及多维度，我们在制定分析目标时需明确要分析的产品维度。在实际产品分析过程中，有几项内容需要重点关注。

1. 用户群体

用户群体具有多种特征，比如企业客户其特征可涉及行业、规模、地区、管理模式、营收模式等。

在同类产品中，尽管功能相似，但用户群体和行业细分仍可能存在差异。在同一条竞争赛道上，几款竞品随着企业资源配置、产品迭代和营销策略的变化，用户群体差异可能逐渐扩大。

了解清楚竞品的客户群，有助于精准把握后续的产品定位，明确哪些内容可以借鉴，哪些不适合借鉴。

2. 用户场景

用户场景是我们做产品的基础，竞品展现出来的功能只是冰山一角，如果不了解用户场景，就难以深刻理解竞品设计的初衷。

一些复杂的 SaaS 产品包含的用户场景非常多，在调研竞品的过程中，往往会出现"知其然而不知其所以然"的情况，这时需要去寻找更多的资料，如通过观看竞品的产品培训手册或视频、购买竞品账号进行体验、与竞品的用户访谈等多种方法去了解用户的使用场景或验证你的假设场景。

3. 产品功能

对于竞品产品功能的研究，应该包括产品角色、产品逻辑、功能清单、产品交互、迭代过程等几个方面。产品功能是竞品分析的主要内容。

（1）产品角色

在竞品分析中，一个易被忽视的要素是产品角色。尽管 SaaS 产品的角色通常可以自定义，但我们不能因此忽视对产品角色的深入研究。每一个角色都代表着一个特定的用户群体，忽视这些角色将导致产品表现不尽如人意。

某些 SaaS 产品会根据用户群体的差异预设一系列角色，以方便用户使用。而竞品的角色设定往往与企业客户的商业模式和运营模式密切相关。深入研究这些角色有助于我们更加全面地理解竞品的特性。

（2）产品逻辑

产品逻辑可以包含产品业务流程和产品功能流程。业务流程用于说明整个业务逻辑流向，如开通流程、变更流程、注销流程等，功能流程更为详细，是对业务流程的细化，如每个环节的功能逻辑（必填项、表单关系、业务状态、异常提示等）。产品流程往往在使用的过程中才可以体验到。产品流程的设计会影响产品的使用效率和运营效率。透过产品流程，可以对竞品的整个逻辑有一个相对清晰的认知。

（3）功能清单

功能清单是指我们可见的产品功能点列表。通过对比功能清单，可以明显地看出功能差异。有些 SaaS 产品功能复杂，产品架构也可能存在差异，直接对比功能清单，会有一定的挑战。

功能清单能让我们理解产品"能做哪些事"，对比竞品功能清单我们可以"查漏补缺"。

（4）产品交互

交互设计考验产品的基础功力，产品是否好用，交互设计非常重要。逻辑是否清晰、文案是否简洁易懂、操作是否便利、产品设计是否遵循规范等都会影响我们产品的使用感受。

（5）迭代过程

产品迭代的过程，体现出一个产品的发展历程。通过产品的迭代发版，可以了解一个产品功能建设的先后顺序，有些上线的功能后来又下线，也能说明一些问题。

比如我们可以收集竞品的用户增长情况，如果用户在某一时间段内有快速的增长——这可能是营销活动产生的影响，也可能是产品发版产生的影响，我们可以针对性地去查找发版记录或营销活动的记录，做进一步的分析。如果发现是产品发版导致的用户快速增长，这对于我们借鉴竞品有重要的意义。

4. 商业模式

商业模式对产品的影响是比较大的，产品是商业模式下的一个环节。有好产品不一定有好的商业模式，有好的商业模式大概率可以逐步打磨出相对不错的产品。

竞品的商业模式，影响竞品的发展，商业模式也可以是逐步变化或演进的。不同的商业模式下，产品会逐步分化出不同的发展路径。

3.3.5 分析报告

做竞品分析是为了借鉴,为了满足我们自身产品的发展,而借鉴哪些内容,需要一个结论,这个结论就是分析报告。

竞品分析报告是我们呈现给公司或团队的一份成果,一般为说明分析的客观性,也会附带上述的分析过程。报告的核心在于识别竞品的优势与劣势,以及为自身产品提供改进方向的建议。所以分析报告中最好包含竞品的 SWOT 分析和产品改进建议部分。

3.4 常用调研方式的优缺点

3.4.1 用户访谈

用户访谈,特别是与典型用户进行的访谈,能帮助我们节省大量时间,短时间内对行业、用户和工作场景获得相对清晰的认识。采用用户访谈进行调研是一种行之有效的方法,尤其适用于企业服务类 SaaS 产品。

1. 用户访谈的 3 个优点

1)灵活。产品人员在事先设计访谈提纲的时候,有些情况不一定能考虑周全。因此,在实际的访谈过程中,产品人员可以根据被访者的具体反应对提纲进行调整或完善。如果被访者对提问的意图没有理解清楚,产品人员也可以进一步对问题进行解释说明。

2)深入。产品人员与被访者通过面谈、电话、网络等方式进行直接或间接的交流,在此过程中,产品人员能够适度引导并拥有进一步追问的机会。因此,他们可以探讨一些深层次的问题。此外,在访谈过程中,产品人员可以观察被访者的表情、动作等肢体行为,以了解被访者当时的心态。

3）真实：用户访谈作为一种信息获取方式，具备较高的真实性，原因在于：该方法使产品人员与用户能够面对面交流，从而较为容易地获取第一手资料，避免了信息在传递过程中出现的失真现象。访谈过程中，通常采用一问一答的形式，受访用户在较短时间内做出回应，未能进行长时间的权衡思考，因此他们给出的答案往往更能反映其真实想法。

用户访谈可以有效地避免被访者不回答问题或者遗漏问题的情况。产品人员与被访者面对面地进行交流，问题不容易被拒绝。访谈时，由产品人员事先确定访谈的提纲和地点，可以灵活地安排访谈的内容、时间及提问的次序，能有效避免其他因素的干扰，有利于被访者客观地回答问题。

2. 用户访谈的 3 个缺点

用户访谈是很好的获取信息的方法，但用户访谈存在耗时长、调研范围窄、对人的要求性高等问题。

1）产品人员需要具备一定的访谈技巧。在访谈过程中，调研者的态度、肢体动作、语言语气、提问方式等都会对被访者的回应产生影响，因此研究者需具备一定的访谈素养。

2）用户访谈的过程较长。用户访谈采用面对面交流为主，访谈场所的预约、交通往返以及可能的受访者行程临时变更或拒绝等情况，均会增加产品人员在时间、精力及资源方面的投入。因此，用户访谈更适合于小规模研究，而不太适用于大规模的研究。

3）分析整理工作复杂。用户访谈采用访谈方式，在展现灵活性的同时，也带来一定程度的随意性。在访谈过程中，研究者根据实际情况灵活调整访谈提纲及问题，访谈问题可能不一致，即使问题基本相同，被访者回答内容的逻辑、方向也可能存在较大差异。因此，由于访谈的问题及结果的标准化程度相对较低，整理和分析访谈数据时会面临较大挑战。

3.4.2 产品体验

某些体验感悟，仅凭他人的描述，远不如亲身实践来得直观。在工作方面，通过多次实际操作，我们能更好地识别哪些设计合理，哪些设计不合理。

在实际工作中，我建议产品人员预留部分时间体验不同岗位的相关工作，通过实际操作，能发掘产品的很多优化点。若轮岗条件不允许，产品人员也应充分试用自己所设计的产品。一个产品功能仅使用一次或许不易察觉不便，但多次使用后，就可能发现问题所在。看似简单的功能在多次频繁操作时，很可能发现一些不适用的产品设计。

1. 产品体验的优点

1）感受直观。亲自体验不同岗位的日常工作，我们可以更直观地评估产品的实用性和易用性，以及产品对工作效率和目标实现的影响。通过这种方式，我们可以更深入地了解用户的需求和痛点，以便进一步优化产品设计和功能。

2）无须过多设置调研问题。作为用户，我们在调研问题设计上无须投入很多精力。实际上，许多调研方法仅用于验证已设计问题的准确性。直接体验用户的工作能迅速解答大部分问题，同时减少诸多沟通互动。

2. 产品体验的缺点

1）不能体会新用户的感受。产品经理虽然在产品设计方面具有较高的专业素养，但有时可能难以充分理解新用户的使用体验。毕竟，并非每个产品都具备腾讯创始人马化腾所拥有的瞬间回归"新手"的能力。

2）耗时较长。轮岗可能导致耽误工作，重复执行某一功能可能占用产品人员大量时间。在产品人员工作任务较为繁重的情况下，此类调研方法并不适宜。

3）场景不足。很多 SaaS 产品需要支持多种场景，我们在某一岗位的尝试，所涉及的场景范围相对有限。如果不注意和其他调研方式结合，可能会遗漏一些重要的需求点。

3.4.3　问卷调查

软件产品一般可以直接触达用户，使用在线问卷调查是一种比较便捷的方式，在有些情况下，我们可以比较容易获得大量的调研结果。问题调查的题目设计有很多注意事项，不同行业、不同场景、不同的用户对象，问卷的设计要求都不相同。

SaaS 产品在使用问卷调查时，可以用在一些回答相对简单明确，但需要获取较多样本的场景。

1. 问卷调查的优点

1）耗时较短。产品可以直接触达用户，借助一些第三方工具设计好调研的问题，然后在产品中投放问卷调研的入口，耗时相对较少。

2）效率较高。如果产品有较大用户基础，我们就可以在短时间内获取较多的问卷调研反馈，可以减少大量的沟通交互。

3）比较客观。问卷调查一般不需要面对面的沟通交流，甚至有些是匿名调查，所参与的用户，没有精神或心理上的负担，会相对客观地给出答案。

4）便于分析。参与调研的用户回答的问题是一致的，且问题调查的选择题较多，这样回答的内容也相对标准化，与用户访谈中易于发散的情况相比，问卷调研的结果比较容易整理、统计、分析。

2. 问卷调查的缺点

1）无法深入调查。产品人员无法和被访问用户直接沟通，没有办法及时补充问题，进一步获取信息相对困难。

2）缺乏灵活性。大部分的问卷调查事先由问卷设计者设定好回答范围，使得被调查者作答比较受限，无法挖掘到一些细致、深层的信息。对于复杂的问题，简单的作答不一定能够得到丰富且有价值的信息。

3）理解偏差。问卷调查中部分复杂的问题，可能引发参与者困惑，但同时又无法获得及时解答，这可能会导致调查结果产生偏差。

在产品建设过程中，我们通常会采用上述几种调研方式，具体选用哪种方式则需要根据调研需求来决定。如果需要深入挖掘信息，用户访谈当为首选；若难以理解用户行为，则需要亲自体验操作以增强同理心；对于相对简单的统计问题，问卷调查则是一种便捷的解决方案。每种调研方式都有其优点与缺点，关键在于选用合适的方式，以便理解真实用户需求和场景。

3.5 SaaS 产品调研的注意事项

3.5.1 寻找典型用户

在进行 SaaS 用户调研时，一定要关注样本的典型性，尤其是调研样本量有限的情况下。例如，若选择非典型用户进行访谈，则可能对需求方向产生误导，导致过度关注少数人的问题，这类需求进入产品迭代，可能会浪费公司资源，甚至影响产品发展的时机。

此外，产品发展过程中会持续获取新客户。随着时间的推移，部分新用户将逐渐成为老用户。有些用户可能从典型用户转变为非典型用户。因此，我们需要评估这些变化对产品调研的影响，以确保调研结果的准确性和有效性。

3.5.2 用户的回答并非真相

1. 用户需要引导

我们期望参与调研的人都能做到逻辑清晰、主次分明、表达通畅，但这样的要求未免过高，参与调研的多数人可能是达不到的。这就需要我们对用户的回答进行甄别。可以对用户的前后说法进行比较验证，有些情况需要拿出此前的问题进行再一次提问，可能同一个问题会得到不同的答案，参与调研的用户并非有意如此，而是在沟通过程中，由于思考时间不足、思虑不周、描述不准确、理解点出现偏差等造成的。这需要产品人员具备一定的引导、分辨能力。

2. 用户没有表达真实的观点

SaaS产品随着不断的迭代，我们可能会与部分老用户建立长期的联系，他们会成为我们多次用户调研的对象，这类用户多是平台的种子用户，出于信任，他们的反馈会让我们感受到对产品的认可度较高，但这可能是不客观的，长期的交往建立起人与人的信任感，可能会弱化对产品的客观描述，会降低对产品的要求。

3. 用户不知道自己想要什么

在消费端产品领域，有一名天才产品经理主张：用户有时无法自我意识到其真实需求，这是产品经理应承担的责任。此观点由苹果智能手机之父乔布斯提出，进而影响了一大批产品设计人员。

我们暂且不论这一观点的正确性，但在实际操作中，我们确实会遇到类似情况：用户似乎对现有工作或产品并无过多要求，已经习惯了现有的方式，对需要的改进措施也表述不清。然而，这并不意味着用户没有需求，只是这些需求隐藏较深，尚未被发掘。这其实需要我们进一步提高自己的认知，有时从惯性思维中跳出来，换一个角度观察问题，可能会获得意外的收获。

SaaS 产品为用户提供服务，产品人员如果能成为用户，是很好的；若无法做到，则必须想办法了解你的用户，甚至要比用户自身更为熟知他们的需求，这样才能打造出一款优质的产品。

3.5.3 数据会"说谎"

调查所得的数据通常是对我们假设的证实。但在某些情况下，数据和现象的呈现并不完全一致。这些不一致性可能源于我们对问题的理解偏差，也可能是因为收集到的数据存在问题。

我们的 SaaS 产品迭代多年，有一次我们在产品中发布调研问卷，收集用户的满意度情况，发现用户满意度比较高，而从其他渠道获得的反馈信息似乎并未达到这一水平。后来我们分析原因，继续使用产品并且愿意参与调研的人，往往对我们的产品认可度比较高，而那些不愿意使用产品的，或者不想参与的人，他们没有参与表达，他们的负面评价并未纳入调研数据，从而导致调研结果存在一定程度的偏差。

在实际工作中，调研数据不准确的例子时有发生，有些数据来源于基础数据的统计，而基础数据本身可能就有一定的限制；有些数据来源于调研，而调研方法、对象不同都会影响数据的呈现。

产品调研过程中出现的这些问题，往往是我们没有找对调研对象或用错了调研的方式，工作中需要根据具体情况，选择不同的产品调研方法。

3.6 本章小结

本章阐述了产品调研的定义及其在产品开发过程中的重要性，特别是针对需求调研与竞品分析的详细解析。此外，我们还探讨了多种调研方式及其优劣势，并在 SaaS 产品调研方面提供了一些实用建议，我们要始终以客户实际需求为导向。

下一章我们将进一步探讨 SaaS 产品的需求管理。

第 4 章

需求管理

> 管理就是决策。
>
> ——赫伯特·西蒙

在产品调研完成后,我们接下来需要对需求进行管理,对纷繁复杂的需求管理如何,将显著影响产品的发展路径。

需求管理同样是一个不断做决策的过程,也是管理的一种情况,需要符合管理的本质。

本章主要讨论针对 B 端 SaaS 产品的需求管理。项目型需求和 C 端产品需求的处理会有差异,请大家谨慎参考。

4.1 什么是需求

需求 = 预期 – 现状,这个简单的描述基本上表达了需求是什么。

在不同的领域,对于需求有不同的定义,在产品中,需求是与具体产品有相关性的、为解决具体问题而提出的、尚未满足的要求。

需求是产品不断迭代的动力之源。需求的来源多样,重要性、紧迫性也各不相同。如何处理好纷繁复杂的需求，对于产品的发展至关重要。若处理不当，无法明确需求范围、重要性，无法合理规划需求优先级等，可能导致产品的发展偏离轨道，耗费企业资源，错失发展良机，削弱产品竞争力，严重时甚至可能导致市场份额丧失和客户流失。相反，如果能够识别关键需求，处理及时得当，紧跟市场需要，将有助于提高产品竞争力。

在产品领域，需要与需求虽相似且词义相近，但实际上存在较大差异。"需要"通常指用户提出的诉求，旨在满足某一特定要求。"需求"则是与产品相关的、可设计且可实现的要求。用户的"需要"需经过提炼和转化，方能转化为产品"需求"，部分"需要"受客观条件制约，无法转化为产品"需求"。

4.1.1　需求的分类

需求一般分为功能性需求和非功能性需求。

功能性需求是指产品为满足用户需求而必须具有的功能特性。功能性需求是最基础也最核心的用户需求，有时也被称为业务需求。

非功能性需求包括可用性需求、性能需求、可靠性需求和安全需求等，对这类需求，在系统建设早期重视度往往不高，当用户量上升、系统负荷越来越大时，非功能性需求的重要性会越来越突出。

4.1.2　需求的层次

提到需求的层次，一般绕不开马斯洛需求层次理论，虽然这是基于个体的需求理论，但对于企业需求场景仍然具有借鉴意义，毕竟 SaaS 产品的使用对象也是一个个鲜活的个体。

但总体上企业服务 SaaS 产品更注重实用性和效率提升，对于美观性和心理满足的要求相对较弱，这是由行业所处的发展阶段导致的，从长远来看，企业服务 SaaS 产品需要借鉴 C 端产品设计的一些优秀特点，打造同 C 端优秀产品类似的用户体验。

企业服务 SaaS 产品需求有自身的特点。如企业服务产品面向企业或组织，帮助其解决经营或管理问题，对于组织来说，需要企业服务产品提供基于管理场景的功能，满足组织的绩效目标，无法简单地通过马斯洛需求层次理论来描述。企业服务产品的使用对象，也需要关注业务用户，而业务用户的需求动机，同马斯洛需求层次理论有一定的交叉，但并非完全适用。

企业服务 SaaS 产品可分为三个层面的需求，即业务需求、用户需求和产品需求。

1. 业务需求

业务需求是指为满足企业某一使用场景和目的而必须实现的功能，主要体现在满足业务规则、管理制度、业务流程等方面。比如开具一张发票，需要有发票数据相关字段的录入功能；添加一张凭证，必须录入一些摘要、科目、借贷方等信息；对于一些工作审批流程，没有流程的相关处理，就无法完成业务的流转。

2. 用户需求

企业服务产品的使用对象是一个个有情感的人，在满足业务需求后，产品是否好用成为评判产品优劣的重要指标。产品页面表达是否清晰，操作是否便捷，反馈是否准确，效率能否提升，都是用户体验相关的重要因素。

在一些项目型需求中，我们经常会专注于满足业务需求，但在 SaaS、PaaS 等平台型产品中，仅满足于业务需求是远远不够的。产品在具备良好的体验后，才会真正拥有一定的市场竞争力。

3. 产品需求

产品需求一般是由产品团队自发提出的，基于公司战略及产品战略，满足企业持续发展的需要。如用户中心、消息中心、订单中心、账户中心、短信服务、邮件服务、认证中心等服务建设。解决产品发展的重复建设问题，搭建技术中台服务，满足产品生态建设，建设代理、运营管理平台，建设合作伙伴开放平台等，都可以归于产品需求。产品需求在一定阶段又会转化为业务需求和用户需求。

业务需求是企业服务产品的需求基石，需求功能的健全程度决定企业用户是否能够使用产品；用户需求解决企业服务产品体验的问题，是企业服务产品具备竞争力的主要因素，能满足用户更好地使用产品的诉求；产品需求基于集团战略及产品战略的规划而提出，为产品的可持续发展及最终成功提供支持。

4.2 需求的来源

1. 调研

需求可以通过调研的方式获得，调研是获取需求的重要方式，在产品的各个阶段，都需要进行调研。我们可以通过多种方式进行调研，比如行业调研、用户访谈等，获取用户在处理业务或者管理等方面的需求。

- 行业调研，包括行业研究、竞品分析、典型用户分析等。
- 用户访谈，包括与用户的电话会议、用户工作场景跟踪、访谈等。

需求调研的方式多样，需要根据产品所处的不同阶段、产品所在的不同行业、产品所使用的不同场景，选择不同的调研方式，需求调研的每一种方式都可以作为专题来研究。

2. 用户反馈

（1）测试反馈

测试人员测试系统的过程，实际是在模拟用户的操作，在这个过程中，可以发现一些系统问题，提出比较好的需求建议，特别是用户体验相关的建议。

（2）客户反馈

用户在使用过程中，会发现一些系统提供的功能与实际操作之间不匹配的功能点，如果沟通渠道通畅，也会收集到一些用户反馈的需求。

（3）运营反馈

在一些有运营支撑部门的公司，运营团队会代表用户向产品团队提出使用反馈的需求，以帮助产品改进。

用户反馈和调研的差异，主要体现在主动还是被动上。

3. 公司战略

公司根据发展需要，提出一些新的发展方向或者新的产品方向，可以对这些公司战略进行分解，形成产品需求。根据公司战略形成的需求，有些可能不是真实的用户需求，有些是在模拟或者假设市场需求，这些都需要产品人员花费更多的精力去判断，避免产品掉入"伪创新"的陷阱。

4. 产品研究

产品人员可基于对行业的理解和对用户的研究，规划产品设计，对产品进行迭代升级。产品研究一般更侧重产品的宏观发展和产品内在管理逻辑的实现。

5. 政策与标准要求

在一些国家监管或者有管理标准的行业中，企业服务产品需要满足国家政策、文件及行业标准的要求，为此需要设计相关的功能、流程、管理机制，确保产品本身合规。对于此类需求，产品人员或者公司需要建立反馈机制，去查找相关的政策文件或标准文件，以确保产品得到及时更新，在政策要求的时限内完成产品改造，满足监管要求。

4.3 收集需求记录

通过多种渠道获取需求后，一定要对需求进行记录。需求记录一般遵循以下原则：

1）需求来源可追溯。在处理需求时，对需求来源进行准确记录是非常重要的。如果遇到需求问题存在不确定性或需要对部分流程进行补充确认的情况，应根据记录的需求来源方及时进行再次沟通，确保对需求理解的准确性。

2）需求场景可还原。为了确保用户需求得到准确理解和满足，需求记录应清晰、明确地描述用户的实际场景。编写需求记录时，应采用简洁明了的语言，避免使用含糊或歧义的表述。同时，需求记录应保持逻辑清晰，以便相关人员能够准确理解用户的需求。

3）需求分析可实现。需求记录的问题应该是可实现或理论可实现的，并且与产品有一定的相关性，一些明确不可实现或与产品无关的需求，可通过其他环节或其他方式进行沟通。如果无法确定是否可实现，可先进行记录，留待与团队进行讨论。

4）需求风险可管控。在需求分析过程中，有时会出现需求提出者无法联系或确认的情况，这种情况并不罕见。如果一个需求在推进阶段就已经无法获得反馈确认，那么上线后很可能会无人使用，导致团队的大量精力被浪费。所以在需求收集阶段，就要识别并记录此类风险。以下是一些可能存在风险的需求类型，如临时召开的会议所提出的需求，临时参与进来的环节所提出的需求，无合作关系的人员提出的对接需求等，这些需求可能因为缺乏充分的准备和规划，也并非实际用户提出的需求，从而导致后续出现各种问题和风险。

需求记录表一般需要体现出以下信息：需求来源（比如客户、企业员工等）、提出人、提交时间、企业客户名称、客户联系人、客户联系方式、需求描述、涉及系统、功能节点等。当然，也可以根据产品的实际情况，调整需求记录的项目。

4.4 需求管理过程

4.4.1 给需求分类

在进行需求管理时，我们需要明确几个关键问题。首先，我们需要确定该需求是否为个性化需求，这有助于我们了解需求的独特性和定制性。其次，我们需要评估需求覆盖的用户范围，以确定需求的重要性和影响范围。再次，我们需要对需求带来的价值进行评估，以确定其对企业的贡献程度。最后，我们需要考虑需求的紧迫度，以确定需求的优先级和时间要求。

如果我们对需求工作量有一定的判断经验，可以初步评估实现的难易度和工作量。这有助于我们制定合理的技术方案和资源计划，以确保需求的顺利实现。

1）需求影响力。指需求能够影响的用户范围，影响的范围可以用5、4、3、2、1、0来标识。需求影响的用户范围越大，得分越高，反之越低。SaaS产品用户广泛，需求影响范围的评估要谨慎，尽可能准确。

2）需求复杂度。指需求所影响的产品范围及实现复杂度。需求的复杂度通过数值来标识，比如分值可以为 5、4、3、2、1，其中 5 代表实现最简单，1 代表实现最复杂。可以通过判断影响的产品范围及复杂度进行评分，用于评估后续的投入工作量，影响的产品范围越大，复杂度越高，实现就越困难，反之越容易。

3）需求紧急度。指需求对上线时间的要求，可与提交需求的人员沟通需求背景及紧急程度。同时，产品人员需要根据经验进行判断，对于基础性业务需求、阻断流程需求、政策性需求，可给予较高的紧急度。紧急度也通过数值来标识，可以设定为 5、4、3、2、1，5 代表最紧急，1 代表最不紧急。

4）需求价值。需求价值可区分为需求经济价值和产品价值。

需求经济价值是指这个需求的满足是否能够直接带来经济价值，对 SaaS 产品来说，需要慎重评估经济价值和需求影响力之间的关系。需求经济价值可以通过 5、4、3、2、1 这五个数值进行标识，5 代表经济价值高，1 代表经济价值低。

可通过典型的 KANO 模型对需求进行分类，以评估需求的产品价值。KANO 模型将需求分为五类，如图 4-1 所示。

- 必备型需求：当优化此需求时，用户满意度不会提升，当不提供此需求时，用户满意度会大幅降低。
- 期望型需求：提供此需求，用户满意度会提升，不提供此需求，用户满意度会降低。
- 魅力型需求：如果不提供此需求，用户满意度不会降低，但当提供此需求时，用户满意度会有较大的提升，此类需求处理得当，可以很快提升产品竞争力。
- 无差异需求：无论提供或不提供此需求，用户满意度都不会改变，用户根本不在意。
- 反向需求：用户根本没有此需求，提供后用户满意度反而会下降。

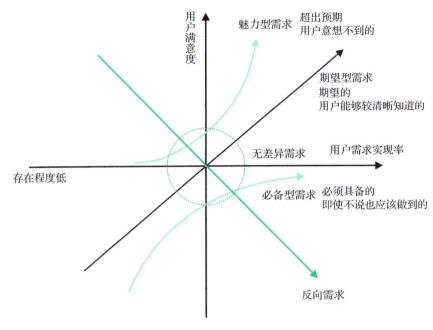

图 4-1　KANO 模型

可以通过需求调研问卷的形式获得相对准确的 KANO 分类，设计调研问卷时，每个质量特性都由正向和负向两个问题构成，分别评价用户在面对存在或不存在某项质量特性时的反应，如图 4-2 所示。

产品/服务需求		负向（如果 * 产品 * 不具备 * 功能 *，您的评价是）				
	量表	我很喜欢	它理应如此	无所谓	勉强接受	我很不喜欢
正向（如果 * 产品 * 具备 * 功能 *，您的评价是）	我很喜欢	Q	A	A	A	O
	它理应如此	R	I	I	I	M
	无所谓	R	I	I	I	M
	勉强接受	R	I	I	I	M
	我很不喜欢	R	R	R	R	Q

A：魅力属性
O：期望属性
M：必备属性
I：无差异属性
R：反向属性
Q：可疑结果（通常不会出现，除非问题本身有问题或用户理解错误）

图 4-2　KANO 模型评分对照表

样本量比较少时，这个表是比较容易统计的，但当统计样本较多时，我们还可通过对功能属性进行归类计算出 Better-Worse 系数，表示某功能对增加满意或者消除很不喜欢的影响程度。

$$\text{增加后的满意系数 Better/SI} = (A + O) / (A + O + M + I)$$
$$\text{消除后的不满意系数 Worse/DSI} = -1 \times (O + M) / (A + O + M + I)$$

Better 可以被解读为增加后的满意系数。Better 的数值通常为正，代表如果提供某种功能属性的话，用户满意度会提升，正值越大 / 越接近 1，表示对用户满意度的影响越大，对用户满意度提升的影响效果越强。

Worse 则可以被理解为消除后的不满意系数。其数值通常为负，代表如果不提供某种功能属性的话，用户的满意度会降低，值越小 / 越接近 –1，表示对用户不满意的影响越大，对用户满意度降低的影响效果越强。

因此，根据 Better-Worse 系数，对绝对分值较高的功能 / 服务需求应当优先实施。

根据 Better-Worse 系数，将散点图划分为四个象限，如图 4-3 所示。

- 第一象限：表示 Better 系数值大，Worse 系数绝对值也很大的情况。落入这一象限的属性，称为期望属性，即表示产品提供此功能，用户满意度会提升，不提供此功能，用户满意度就会降低。这是竞争性属性，应尽力去满足用户的期望型需求，提供用户喜爱的额外服务或产品功能，使产品和服务优于竞争对手并有所不同，引导用户加强对自己产品的良好印象。
- 第二象限：表示 Better 系数值大，Worse 系数绝对值小的情况。落入这一象限的属性，称为魅力属性，即表示不提供此功能，用户满意度不会降低，但当提供此功能时，用户满意度和忠诚度会有很大提升。
- 第三象限：表示 Better 系数值小，Worse 系数绝对值也小的情况。

落入这一象限的属性，称为无差异属性，即无论提供或不提供此功能，用户满意度都不会有改变，这是用户并不在意的功能。
- 第四象限：表示 Better 系数值小，Worse 系数绝对值大的情况。落入这一象限的属性，称为必备属性，即表示当产品提供此功能时，用户满意度不会提升，而当不提供此功能时，用户满意度会大幅降低。这说明落入此象限的功能是最基本的功能，是用户认为我们有义务做到的事情。

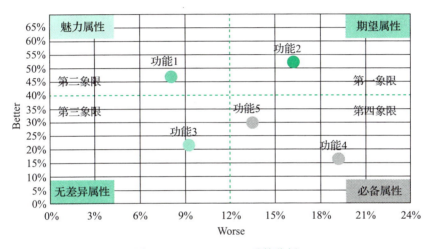

图 4-3　Better-Worse 系数分析

同类型功能之间，建议优先考虑 Better 系数值较大、Worse 系数绝对值较小的。

在产品开发时，功能优先级的排序一般是：必备属性＞期望属性＞魅力属性＞无差异属性。一般来说，可以使用 3、2、1、-1、-2 这五个数值来分别代表必备型需求、期望型需求、魅力型需求、无差异需求、反向需求。

需求价值可以用需求经济价值＋需求产品价值来表达。

KANO 模型对于需求产品价值的判断，有相对科学的计算方法。但有些时候，我们并不会就所有的需求进行调研，这样会花费较多的时间和精力，成本比较高。有些比较明显的、可以判断属性的需求，可以不用再做调研，针对复杂度较高、影响范围较大并且不容易界定对用户的影响的需求，可以按照这种方式进行调研，尽可能让资源的投入产出比最大化。

在不同的时期，这些需求的类型可能会发生转化。例如，随着行业SaaS产品的演进，一些早期被视为魅力型的需求，由于开发资源紧张而未被列入排期。然而，当竞争对手开始提供这些功能，且大部分用户认为这些功能是必需的时，这些魅力型需求就可能转变为必备型需求。因此，对于待处理需求的分类，需要定期进行重新评估。

4.4.2 确定需求优先级

处理需求的过程中，很重要的事情就是确定需求优先级，优先级的确定可以使用 ICE 方法。

ICE 是 Impact（影响）、Confidence（信任）、Easy（容易）三个单词的缩写，它从影响范围、自信程度、实现难易 3 个层面对需求进行评估。其中影响范围是指需求的影响力；自信程度是指用户对需求实现能够带来好的反馈的相信程度；实现难易是指技术实现需求的难易程度。

在上一小节中，我们对需求进行了分类，对需求分类的目的是希望通过对需求进行客观的分析，以数值的方式记录评估结果，然后对需求的总得分进行排序，尽量避免用拍脑袋的方式定义分值，以便使用 ICE 方法时更加合理。

- 影响范围：可以用需求影响力 × 需求产品价值来表达。
- 自信程度：可以用紧急程度 + 需求价值来表达。
- 实现难易：可以用需求复杂度的分值来表达。

最终将每个需求的 ICE 分值相加，根据得分顺序，排列需求优先级。

可使用表 4-1 对 ICE 分值进行记录。

表 4-1　ICE 需求评分表

需求条目	影响范围 (需求影响力 × 需求产品价值)	自信程度 (紧急程度 + 需求价值)	实现难易 (需求复杂度)
用户自定义首页 ×××			
×× 功能的列表增加 ×× 字段			
×× 导出 ×××			

在处理需求分类和分值定义时，实际操作过程中可根据自身产品的特点进行调整，进而形成一套适用于自身产品的有效方法。比如对于一些定制需求，一些 SaaS 企业是不接受定制需求的，那就需要调整产品经济价值的定义和分值设定。

在对外沟通时，我们应将确定优先级的方法作为一套统一的标准进行公开，以促进各环节之间达成共识。只有各环节都能够理解并达成一致，我们的产品才能更好地推进。

4.5　需求变更管理

需求变更是产品迭代过程中的常态，可能对产品带来正面影响，也可能对产品带来负面影响。在面对需求变更时，我们并非要阻止变更的发生，而是要通过有效的管理将需求变更的负面影响降至最低，并推动产品朝更好的方向发展。

为了实现这一目标，我们需要以严谨、理性的态度来进行需求变更的管理。在讨论和决策过程中，我们需要充分考虑各种因素，确保每个变更都能基于产品的整体目标和战略的考虑，做出合理的决策。

在传统的瀑布式项目开发过程中，需求变更往往意味着需要对项目计划进行调整，以及对资源投入进行相应的调整。在大多数情况下，这可能会导致项目进度延期或增加资源投入。因此，在项目管理过程中需要对需求变更进行谨慎的处理，以确保项目的顺利完成。

在基于敏捷开发的 SaaS 产品迭代过程中，我们对于需求变更的控制力度及流程管控力度有所降低，这主要是由迭代开发模式追求快速上线、快速试错、快速调整的特点决定的。这种模式本身也容易导致需求变更的发生。但 SaaS 产品对已上线功能的需求变更调整，可能会影响现有用户的使用，所以应当充分评估变更带来的负面影响，并做好应对策略。

4.5.1 需求变更的原因

1）前期需求不够明确。在产品或功能的早期建设阶段，未必能够采集到足够明确的信息，而产品设计工作已经开展。在这个过程中，对需求的评估可能不够准确，用户研究也可能不够深入。产品上线后，需要再根据用户反馈来调整产品设计，不断完善。

2）业务场景不够了解。在分析客户使用场景的过程中，由于我们自身专业知识和行业经验的限制，对业务的使用场景理解不够深入。对于用户的需求描述，我们往往只看到表面问题，而未能深入分析其本质问题。因此，我们设计出来的产品可能无法满足客户的真实、完整需求。

3）业务形态发生变化。当公司的商业形态或业务运营逻辑发生变化时，我们需要根据情况进行相应的调整。在业务主导型公司中，这类问题经常发生，产品团队作为服务提供方，往往会处于相对被动的局面。我们需要保持灵活性和适应性，需要与业务团队紧密合作，理解变更发生的必要性和合理性，及时调整产品策略以适应新的商业形态和业务运营逻辑。

4.5.2 如何应对需求变更

在管理过程中,我们需要根据需求变更的原因进行有针对性的管理。在有些产品中,多种情况可能会同时出现。

对于需求不够明确的情况,我们需要控制需求量,避免一次性投入过多的工作量,采用小步快跑的方式,减少资源的浪费。

针对由于业务场景了解不够导致的需求变更问题,我们在设计产品前需要多方面、深入客观地了解业务需求,增强对业务场景的认知,了解需求的真正痛点,而不仅仅是表面上的理解。在产品设计过程中,我们需要多考虑新需求与其他环节或功能的关联,这有助于发现更多的场景问题。在产品评审时,我们需要仔细与用户讨论和确认(在有用户参与的情况下),让用户帮助评估是否符合业务场景。对于客户的疑虑或不解,我们需要多追问、多了解。

当业务形态发生变化时,我们需要评估影响范围和紧急度。例如,如果是公司战略调整,就需要尽快地全面响应需求变更。当业务管理部门频繁变动或业务规则频繁调整时,我们需要适当降低需求的优先级。在设计产品的过程中,针对这类频繁变更的需求,产品人员需要注意总结需求变更前后的特点,找到规则,通过可配置的产品设计实现需求,保持产品功能的灵活性,减少需求的变更。

在实际的需求管理过程中,需求变更的原因是比较复杂的,包括产品自身的原因、业务原因以及公司管理问题等,我们需要根据具体情况进行具体分析。当遇到较大的需求变更风险时,应及时向上级反馈。

4.5.3 需求变更的流程

在 SaaS 产品的迭代过程中,对于变更的需求,一些公司可能会将其作为新需求进行处理。各公司的实际情况不同，产品团队需要根据所在公司的实际情况选择相应的需求变更控制流程。总体来看，当遇到需求变更时，需要加强对变更需求的风险关注度，以确保产品的质量和稳定性。

以下为相对通用的需求变更流程，供读者参考。

1）变更申请。在项目管理中，通常由用户提出变更需求。但在 SaaS 产品环境中，用户发起的变更需求相对较少。即使用户提出了变更需求，这些变更也往往会在后续的产品迭代中被视为新需求进行处理。因此，需求变更的发起者通常包括产品团队、业务参与方和技术团队。例如，产品团队可能会因设计问题而发起变更，技术团队在实现过程中遇到技术难度过大或工作量过大等问题时可能会要求简化方案，业务参与方也可能因业务调整而提出变更需求或终止某些需求的研发。

如果需要变更需求，最好提出书面需求变更申请，经共同确认后，发给产品对接负责人，进行后续流程。

2）变更分析。产品对接负责人收到变更需求时，将相关信息录入需求收集表，接下来组织团队分析需求变更影响、紧急度、需求价值度等。

3）变更决策。团队内部评估每项变更的可行性。针对无法推进的变更，需明确指出原因；对于需要调整的变更，确定修改时间和具体方案。

4）变更实施。变更需求通过后，确定开发时间和纳入的版本，制订开发计划。

5）变更验收。对于变更需求而进行的版本更新，需交付相应的版本更新说明。

4.6 需求的反馈及后续处理

在明确了需求的优先级后，我们根据团队的初步评估确定产品的上线周期，并及时与各方进行需求的反馈工作。

对于新产品和迭代中的产品，在处理需求的过程中存在一定的差异。对于新产品，通常需要经过立项过程，其需求来源相对简单，沟通反馈过程也相对直接。而对于迭代中的产品，可能会出现部分需求较为重要但暂时无法安排上线计划的情况。

在沟通需求反馈时，需要对需求受理状态、解决方案、解决时间等方面给予明确的回应。

在需求管理完成后，后续还有很多工作需要处理，比如产品设计、产品评审、UI 设计（用户界面设计）评审、研发过程跟进、配合测试评审、产品验收、产品发布、反馈意见收集等，这些内容我们会在后续章节继续探讨。

4.7　本章小结

在本章中，我们介绍了需求的定义以及需求管理的重要价值，分析了需求的来源，并强调了做好需求记录等基础工作的重要性。在需求管理过程中，我们提出了一套基于需求复杂度、影响范围、紧急度和价值度（使用 KANO 模型评估）的 ICE 计算方法，以相对客观的方式确定需求的优先级。此外，给出了一些关于需求变更管理的建议。在整个过程中，我们也需要与相关环节做好需求的跟进反馈。

第 5 章

产品设计与评审

为什么我们要了解人类的思维？因为产品是为人们的使用而设计的。如果不能深入地了解人，设计往往会失败，产品将难以使用、难以理解。

——唐纳德·诺曼

唐纳德·诺曼是《设计心理学》系列作品的作者，在做产品设计的过程中，我深受他的影响，他还提过一个让我记忆深刻的观点："在人（指用户）和设计之间，人是不会出错的，错的只有设计。你的产品要在设计上能调动人的本能，还要让他避开错误的方法。"

大多时候大家提到产品经理，会自然地认为主要工作就是产品设计，虽然这不够准确，但产品设计确实是产品经理最重要的工作职责之一，对于产品人员来说，产品调研和需求管理是"管理方向"的过程，产品设计及后续的环节就是"执行落地"的过程，产品设计会决定产品"长成"什么样。产品设计的过程会涉及产品架构、产品流程、产品功能、产品交互等方面的设计。产品设计完需要形成产品需求文档（PRD），接下来可以与业务方、关联产品团队、UI 设计团队、研发团队、测试团队等一起进行评审。

5.1 定义需求场景

在先前的章节中，我们探讨了需求调研和需求管理。现在，我们需要根据这些需求进行产品设计。在需求阶段，我们已对需求的价值、影响和复杂度进行了评估。但部分需求场景的细节可能仍不够明晰，例如某些业务流程、表单的明细字段等，尚待进一步明确。

梳理场景可以借助第 3 章介绍的 5W2H 方法。这种方法有助于清晰地描述需求，以确保所有相关因素都被充分考虑。在讨论中所提到的场景，应当被理解为当前的操作场景，因为在 SaaS 产品的迭代过程中，用户使用产品后，会逐渐产生新的使用场景。因此对用户场景的理解，也需要根据实际情况，进一步去认知。

针对当前场景所提出的需求，需要产品人员提供明确解决方案，并与用户沟通确认。

接下来，我们先介绍一些产品设计的原则。

5.2 产品设计的原则

在软件行业的发展历程中，众多前辈已经总结出了一系列经典的设计原则。对于 SaaS 产品来说，这些原则依然有很高的借鉴价值。初次接触这些原则，我们可能会觉得它们是理所当然的，但随着实践的深入，我们往往会发现自己在某些情况下违背了这些原则，进而导致了一些原本可以避免的损失。因此，对于软件产品设计者而言，时刻关注并遵循这些经典原则是非常重要的。

1. 一致性

一致性是评估一个产品用户体验好坏的重要标准之一，它涵盖了多个方面，比如交互方式、文案提示以及视觉效果等。

首先，交互方式的一致性有助于降低用户的学习成本。当用户在任何子系统或功能中都能感受到熟悉的操作方式时，他们能更快地掌握使用方法。反之，如果一个复杂的系统包含众多功能，而这些功能的交互方式各不相同，那么用户的学习成本无疑会大大增加。

其次，文案提示的一致性对于避免用户混淆和降低理解难度至关重要。在同一个系统中，对于含义相同的词语，应统一命名，避免因同一事物有多种称呼而增加用户的认知负担。

最后，视觉效果的一致性同样不可忽视。一个系统中如果存在多种颜色、按钮大小和页面布局，那么它很难成为用户体验优良的产品。通常来说，这类问题可以通过 UI 设计人员的参与得到解决，因此相对来说较容易解决。

2. 高效

SaaS 产品作为企业的生产工具，提升效率是核心使命之一，产品设计过程中，一定要注意操作效率的提升。针对批量操作、导入导出、智能化操作等关键环节，应在设计时给予重点关注，以实现更为流畅、高效的操作体验。这样的设计思路有助于企业提高工作效率，降低操作成本，从而更好地实现业务目标。

3. 简单

随着产品的发展，功能日益复杂，但复杂不应成为用户的负担。产品人员需具备管理复杂性的能力，化繁为简，这正是对设计水平的真正考验。

在 SaaS 产品的迭代过程中，功能增多可能导致产品变得臃肿，进而增加用户使用和配置的复杂性。这就要求产品人员从宏观角度审视产品架构，避免因短期需求而随意修改现有架构，以免影响用户体验。一旦用户形成操作习惯，后续替代方案的实施成本可能大幅上升。

为了保持产品的简洁性，优化工作需覆盖架构、功能、交互和技术实现等多个层面。

4. 可信任

相较于传统软件，SaaS 产品更多部署在云服务上，数据不在本地存储，企业在使用 SaaS 产品的过程中，一般可以得到服务人员的远程支持，面对面的交流支持相对较少。软件操作界面成为我们与用户的主要交互方式。为了给用户提供可信赖的体验，产品设计中如关键操作二次确认、导入数据的预览查看、数据可导出以及部分操作可撤销等功能，都起到了重要的作用。这些设计可以增加用户对产品的信任度，使其更放心地使用我们的产品。

5. 延续性

在 SaaS 产品的迭代过程中，对原有功能的升级和调整是常态。此时，产品设计需注重产品的延续性，避免因新版本升级导致用户感到功能剧变，从而增加用户的学习成本。对于产品的功能路径、交互流程和字段项等，应尽量避免大幅度调整，仅在必要时进行适度优化。同时，不应随意删减原有功能。

SaaS 产品在迭代过程中会面临产品人员发生更替的情况。新接手的产品人员可能无法全面了解前任的设计思路，对原有功能进行的一些调整，可能影响用户的操作，导致原有用户的使用场景无法得到满足，进而降低产品的用户体验。因此，在产品迭代过程中，产品人需要对原有产品设计有充分了解，以避免对产品造成不良影响。

产品设计原则有很多，SaaS 产品主要是为人提供服务的，所以很多传统的设计理论依然适用，比如《设计心理学》、尼尔森十大交互原则等，这些设计理论非常经典，大家可以借鉴。

需要注意的是，在 SaaS 产品的不同发展阶段，我们对这些原则的重视程度会有所变化。随着团队的成长和产品的迭代升级，对产品设计的要求也在不断提升。在初始阶段，我们需遵循一些基础准则，如"一致性"。而仅有"一致性"不能满足后续的需求，我们开始追求"高效"的用户体验。产品复杂度的增加和用户需求的变化，促使我们对产品设计提出更高的标准。一些先前未受足够重视的设计原则，也开始逐步受到重视。这要求团队不断提升整体实力来满足更高的要求。

5.3 产品架构设计

当我们进行"架构"相关的搜索时，会发现多种架构图的展示，例如组织架构图、业务架构图、数据架构图、技术架构图、安全架构图、产品架构图以及部署架构图等。这些架构图均具有各自的特点和用途，旨在帮助人们更好地理解和规划组织、业务、数据、技术、安全、产品和部署等方面的结构和流程。

什么是架构？架构一般是指软件架构，即软件的基础结构以及创造这些基础结构的准则和描述。基于这个定义，我们可以将架构理解为对事物主体的一种结构性描述，它强调事物的整体结构、组成元素以及它们之间的关系。

产品架构是对产品的结构性描述，用来明确产品的各个组成部分及其之间的关系。一般产品架构包括前端系统、业务管理、运营管理以及基础支撑等子产品或子系统，并描述各个子产品或子系统之间的关联关系。

公司需要基于整体战略设计组织架构，组织架构影响业务架构，业务架构对产品架构产生影响，最终产品架构又制约着技术架构的选择与实现。

由此可见，产品架构是建立在业务架构的基础之上的。因此，在构建产品架构之前，我们必须对业务架构有清晰的认识和深入的理解。

5.3.1 业务架构对产品设计的影响

业务架构是基于组织架构设计的。业务架构是将企业的业务战略转化为日常运作的渠道，包括业务的运营模式、流程体系、组织体系、资源分布等内容。

业务架构作为一个专业的研究领域，往往受到技术人员的忽视，技术人员更偏向于关注产品架构和技术架构。接下来我们以一个简化的示例来说明业务架构的基本概念，并说明它对产品架构设计的实际影响。图 5-1 是一种业务架构设计框架。

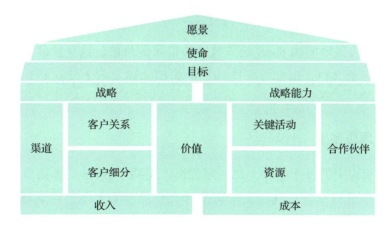

图 5-1 业务架构设计框架

业务架构是对企业收入模式、支出成本、客户群体、客户关系、所需资源、关键活动以及合作伙伴等进行系统化设计和说明的过程。它旨在为企业提供一个清晰、全面的业务蓝图，以支持企业的战略规划和日常运营。通过业务架构，企业可以更好地理解自身的业务运作方式。

业务架构对产品架构的影响，主要体现在以下几个方面：

（1）系统参与角色

业务架构一般会明确参与角色。营销端的参与人员，如渠道商或代理商，大客户销售团队等；运营端的参与人员：如售后、客户成功等团队；合作伙伴的参与：如第三方合作平台等。每类角色按需设计对应的使用终端。

（2）系统运营流程

业务架构对运营流程进行明确的定义，涵盖了开户、续费、注销、变更等各个环节，以及售前售后工单处理、库存管理、合同流程和发票流程等方面的具体操作。这些运营流程是 SaaS 公司的重要组成部分，是实现 SaaS 产品商业价值的关键手段。产品环节对运营流程支撑一般需要有相应的处理。

（3）核心价值

业务架构需要明确 SaaS 服务对客户带来的价值。这种价值往往需要通过产品呈现给客户，因此业务架构中的价值描述实际上就是产品建设的核心方向。

（4）周边系统

业务架构中的合作伙伴，在一定程度上指明了 SaaS 产品需要与合作方的哪些系统进行交互。这些系统可能涉及产品所需要的一些基础能力（如文字识别、计算能力等）、数据（权限数据、业务数据）、流程（管理流程、运营流程）等。这些周边系统在产品的运转中发挥着各种作用，支撑着产品的正常运作。

（5）计费模式

业务架构一般会说明收入和成本模型。收入处理流程对运营产品的设计具有重要影响。例如，如果公司采用线下收款方式，产品的设计可能仅须关注用户账号的可用状态或有效期。而对于线上收款方式，则需要设计一套完整的线上开通、续费及支付流程。此外，一些 SaaS 产品还需要考虑收入和成本费用的摊销问题，以适应财务工作的需求。这可能需要在产品中实现相应的计算逻辑。

如果公司在业务架构方面尚不明晰，或部分环节有所缺失，产品人员可尽力引导业务部门完善相关环节。但一些客观因素超出了产品人员的影响或控制范围，产品人员可根据现有架构收集和整理信息，并基于对业务架构的理解，着力做好产品架构设计，使产品架构具备一定的可扩充能力，以满足未来的需求。后续再根据业务各环节的发展情况来完善产品架构，分阶段实现。

5.3.2 产品架构

SaaS 产品架构的设计，可以考虑模块化、渐进式设计。

1. 模块化设计

所谓模块化是指降低业务间的耦合。在技术架构设计中，低耦合、高内聚是重要的设计准则，这一理念同样适用于产品架构设计。

模块化设计在系统建模、技术实现、升级迭代、业务推广等多个环节均具有显著的优势。同时，模块化设计也为最小化场景（MVP）的实现提供了有力支持。

随着 SaaS 产品的发展，业务范围和功能模块将不断扩大。然而，客户的需求往往是特定的，他们可能仅需要部分功能。若功能间耦合度过高，将限制客户的自由选择，并对销售策略的制定和业务推广造成一定的制约。

如何实施有效的模块化设计？关键在于识别并提取具有独立性、可复用的业务或功能模块。将这些功能模块整合，形成组合产品进行推广，方便客户根据实际自身需求进行选择。

（1）归类与抽象

在软件设计领域，为了提高效率和复用性，我们需要对相似的功能或场景进行归类并抽象出来进行设计。在软件架构中，底层组件通常具有更强的通用性和复用性，应用层组件则更加灵活但复用性较低。例如，在软件服务中，服务器硬件作为基础组件，具有广泛的适用性，而应用入口处于架构的较高层级，形式多样，复用性较低。

同样，在产品设计中，基础信息如人员、机构等属于共性部分，同一组织在不同系统中的结构大体一致，因此具有较强的复用性。其次是各类业务流程，虽然具有多种组合方式，但仍能抽象出共性部分。再其次是业务表单，它们需要根据不同业务场景进行定制化设计。

为了实现产品模块化设计，我们需要深入分析不同用户的需求，对完成某项业务的场景进行归类和抽象。通过抽取共性部分，使用共性部分构建出可实现多种组合的产品形态，以满足不同用户的需求。这种模块化设计可以提高产品的复用性和可扩展性，降低维护成本，提升用户体验。

（2）数据接口

系统通常由逻辑（算法）和信息两部分构成。信息部分又可以分为内容和数据。逻辑作为构建软件功能的"骨架"，内容和数据则是系统的"血肉"。其中，数据的重要性尤为突出。

在实现软件模块化的过程中，要确保各模块之间的独立性，我们必须先抛开"逻辑"，这是因为一旦存在逻辑联系，就意味着这些模块会相互依赖，无法真正独立运作。

如果这两个模块有共同部分，但又不允许它们在逻辑上互相关联，那么最好的办法就是对它们所使用的共同数据或规则部分进行抽取，基于这些数据或规则形成标准化接口，以接口调用的形式实现两个模块间的互相协作。

模块化设计的一个重要特性是复用性，这要求在产品设计中考虑多种场景的结合。如果仅针对单一场景，那么复用就没有必要。多个场景都需要使用时，会有数据交互的需求。模块化设计的核心在于提取共性元素，如字段或规则，并为其提供标准的接口，从而实现数据交互。这样，不同的模块可以通过标准接口进行数据交互，从而提高设计的灵活性和可扩展性。

举个例子，我们在设计发票产品的时候，发票信息的填写包含销售方信息、购买方信息及商品信息，购买方信息俗称发票抬头信息，具体包括企业名称、企业税号、企业地址电话、企业开户行及账号等。发票抬头信息的录入场景有多种，如开票过程中开票员可能不知道客户的发票抬头，需要用户自己填写发票抬头；有些开票员知道客户信息，但可能存在变化，需要客户确认抬头；有些客户提出使用上次发票抬头；有些情况下必须填写历史提交的发票抬头，开票时企业抬头信息不可变更等。这些场景看似各种各样，但共同点是发票抬头的基本信息和确认工作是一致的。在设计产品的时候，做了一个 H5 页面，这个页面链接可以通过手工生成、可以通过第三方系统调用生成，生成链接时，包含发票抬头的信息字段是否预先录入（如果预先录入需要传入对应的发票抬头信息），预先录入是否可编辑等限制条件都作为参数输入。网页还根据访问入口的不同，做了功能按钮的区别显示。后来这个手机端的 H5 页面被几百家第三方平台集成，这种设计就是一种模块化的体现，可以和其他多种产品组合。

产品样图如图 5-2 所示。

这是模块化设计的其中一种应用方式，大家通常理解的 SDK，也是模块化设计的一种体现。模块化的产品可以是一个界面，也可以是一个功能，还可以是一个子系统。

图 5-2　H5 开票页

2. 渐进式设计

SaaS 产品采用逐步迭代的方式进行开发，产品设计也不是一蹴而就的，而是一个持续优化的过程。这种渐进式设计非常契合 SaaS 产品的开发理念。以我们公司的产品为例，参与的人员包括企业客户、集团客户、代理商、平台运营人员以及售后人员等。在系统设计过程中，我们不会一开始就完成所有的工作，因为这样会耗费很长时间，并且不利于快速验证产品和市场的匹配度。因此，我们的产品架构也自然而然地采用了一种渐进式的设计方法，逐步完善和优化产品。

渐进式设计需要尽量考虑未来产品的全局，以满足后续产品的扩展需要。

在渐进式设计中，我们必须全面考虑未来产品的需求，以确保后续产品的扩展能够顺利进行。这要求我们在设计过程中保持前瞻性和灵活性，以应对可能的变化和需求。通过这种方式，我们可以确保产品的可持续性和长期价值，同时降低因频繁更改而产生的成本和风险。

以曾经做过的一个产品举例，产品的用户可以分为三大类，关系如图 5-3 所示。

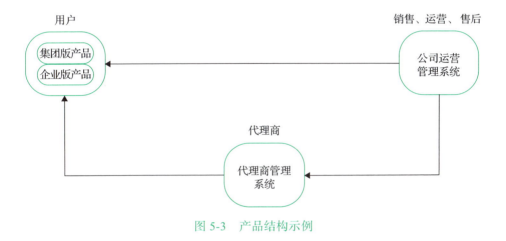

图 5-3　产品结构示例

在构建产品架构时，我们首先明确基础结构，然后根据优先级逐步进行产品建设，如图 5-4 所示。

初期我们建设了企业版产品和基础的运营管理系统，让用户能够顺利使用。随着代理商队伍的壮大，为更好地服务代理商，我们决定开发一套专用的代理商管理系统，这套系统需要基于已经建设的运营管理系统。因为在运营初期，代理商就已纳入我们的体系，当时的运营管理平台已有基础的代理商管理功能，如标记客户所属的代理商，但为满足代理商的管理需求，我们基于运营管理系统扩展形成了代理商管理系统。

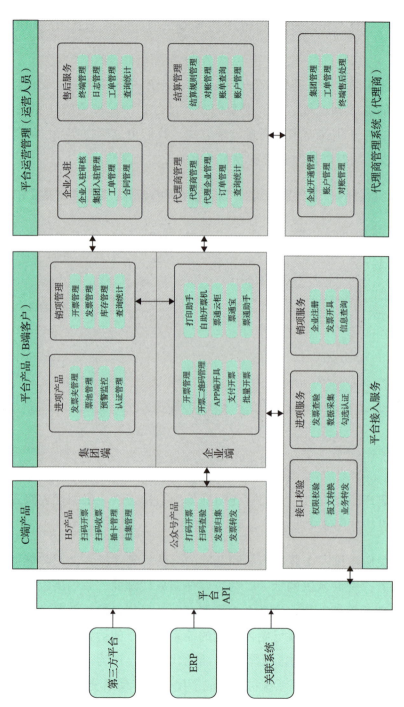

图 5-4 产品架构示例

随着平台的发展,用户群不断扩大,集团客户数量也在持续增加。为此,我们基于企业版产品进一步开发了集团版产品,以满足集团企业客户的管理需求。

在此过程中,代理商管理系统和运营管理系统也经历了多次迭代升级。从最初的注册审核,到用户工单管理、结算续费管理,再到针对集团版的开通管理流程及结算流程的优化,整个过程历时数年。经过多个版本的更新和完善,产品架构逐步发展为现有的体系,且仍在持续优化中。

我们需要注意,产品架构的渐进式设计和最小化可用产品(MVP)并不是一回事,产品架构渐进式设计是为了产品稳步推进并可扩展,先集中精力解决当前的重要需求和问题。所积累的产品成果,会成为将来产品发展的基础,而不是 MVP 中表示的每一个过程都要重构。

MVP 有一个非常生动的例子,用户需求是一辆车,那么车的 MVP 及产品演进过程应该如图 5-5 的第二部分所示。

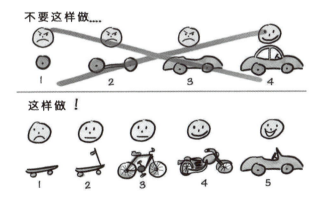

图 5-5　MVP 的演进

产品架构的渐进式设计与产品的 MVP 之间的关系,其实是两个不同维度的设计。产品架构的渐进式设计侧重于对当前业务的快速响应,以及为未来的业务扩展提供支撑。MVP 则关注在产品迭代过程中,每个迭代周期都必须达到最小目标的可用性。值得注意的是,随着迭代的进行,为实现这些目标,可能需要进行重构。图 5-5 提供了一个生动的实例描绘了 MVP 的演进过程。

在设计 MVP 时，必须确保每次迭代都能够完成最小功能场景的闭环，以确保用户的正常使用，这是验证产品从 0 到 1 发展的关键指标。然而，这并不意味着软件必须进行全面的重构。许多软件产品在迭代过程中，都是在原有基础上进行扩展的，这需要产品的架构设计具备弹性和可扩展的能力。毕竟任何历史投入都是有成本的，优秀的设计应该是在原有基础上的能力扩展，而不是推倒重来。

B 端产品在发展过程中，我们注重产品与服务的结合。这里的服务并非指产品即服务这一概念，而是指在产品初期尚不完善时，通过线下服务对某些环节进行补充。这种服务与产品的结合方式，也是 SaaS 产品发展过程中的一种特点。

产品架构大体能够说清楚系统间的关系，但对于具体的产品流程，产品架构图是无法表达清楚的，所以接下来我们需要继续对业务流程进行梳理。

5.4 产品流程设计

在产品设计过程中，我们需要全面梳理业务流程，尤其是核心业务流程。通过流程处理，业务数据才能得以流转和管理。

产品流程是对业务流程的还原和展现。在构建产品流程时，必须关注两个核心要素：一是参与方，参与方可以是系统也可以是参与岗位或人员；二是具体的处理事项，即业务流程中需要进行的具体操作或任务。

对于产品流程图的绘制，建议采用泳道图来进行表达，这种图示方法能够直观地展示各参与方在不同环节中所扮演的角色和需要处理的事项。图 5-6 展示了运营管理子系统的产品流程，通过该图可以清晰地了解整个子系统的运作流程和各环节之间的衔接关系。

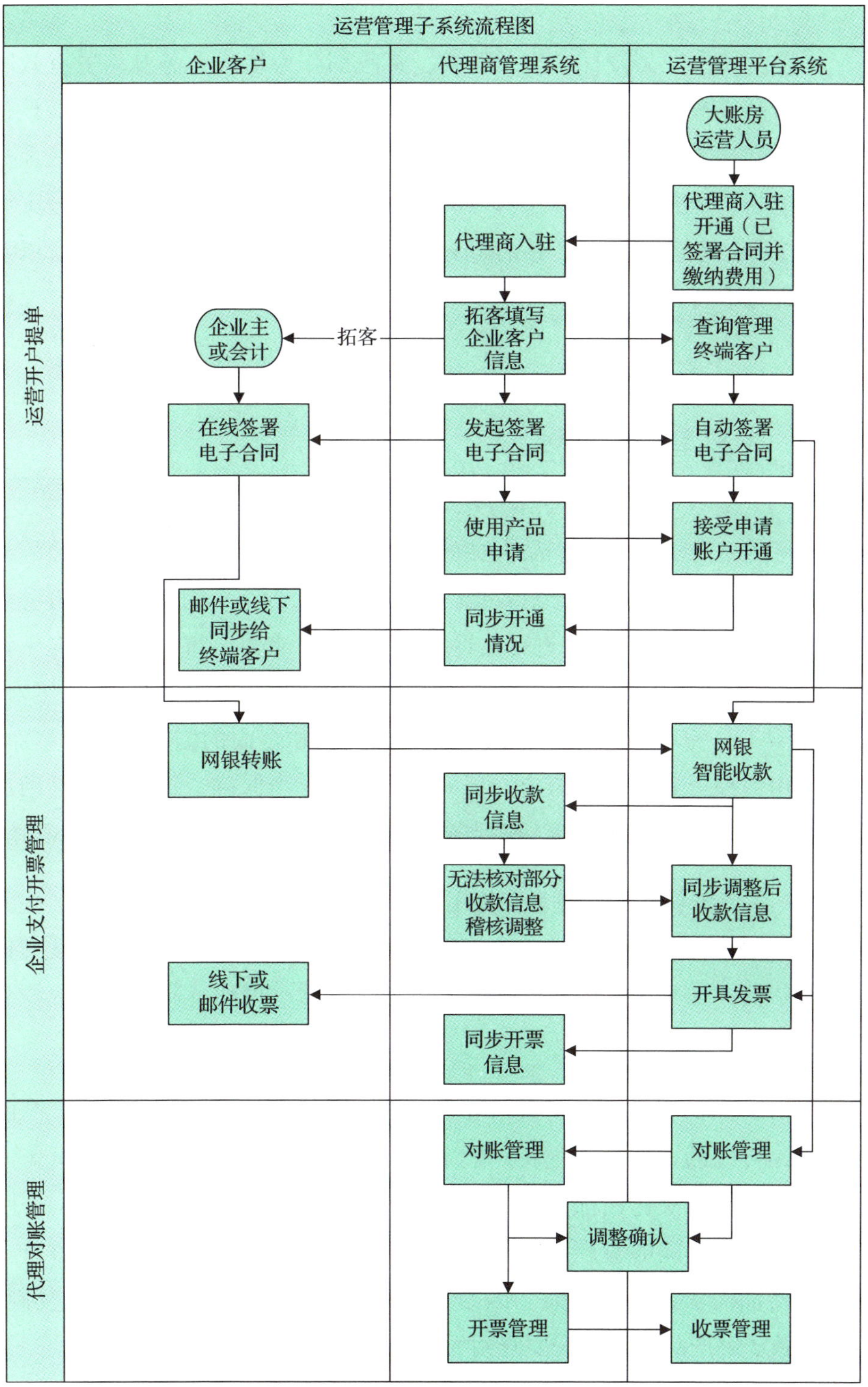

第 5 章　产品设计与评审　◆　113

运营管理子系统流程图		
企业客户	代理商管理系统	运营管理平台系统

运营开户提单：

- 大账房运营人员 → 代理商入驻开通（已签署合同并缴纳费用）
- 代理商入驻
- 拓客填写企业客户信息 ←拓客— 企业主或会计
- 查询管理终端客户
- 发起签署电子合同 → 在线签署电子合同
- 自动签署电子合同
- 使用产品申请 → 接受申请账户开通
- 同步开通情况
- 邮件或线下同步给终端客户

企业支付开票管理：

- 网银转账 → 网银智能收款
- 同步收款信息
- 无法核对部分收款信息稽核调整 → 同步调整后收款信息
- 开具发票 → 线下或邮件收票
- 同步开票信息

代理对账管理：

- 对账管理 ↔ 对账管理
- 调整确认
- 开票管理 → 收票管理

图 5-6　运营管理子系统流程

流程设计在产品设计中至关重要。流程图作为梳理业务脉络的有效工具，使产品人员能够全面、系统地理解业务逻辑，从而确保产品功能设计的完整性和连贯性，避免遗漏任何重要环节。同时，流程图还能清晰地呈现分支逻辑，通过引入条件选择或判断等方式来处理业务流程中的分支情况。除了表达业务流程外，流程图还可以用于描述任务或场景流程，以及页面流程等不同方面的内容。

5.5 产品需求文档

编写产品需求文档是产品人员的重要工作，在实践中，需求文档的编写有多种形式，既有采用传统 Word 等文本编辑软件编写的文档，又有利用如 Axure、墨刀等专业工具进行设计编写的文档。此外，部分公司倾向于将 Word 工具与原型设计工具相结合，使用 Word 进行文档结构及文字的编辑，使用原型工具完成界面设计，以实现更为直观和全面的需求表达。然而，不论采用何种形式，产品需求文档的核心目标应当保持一致，即明确阐述产品的功能需求和业务逻辑，确保各方对产品要求和预期成果的准确理解。

在一些传统项目中，通常会使用 Word 编辑工具来编写需求文档。主要有两个原因：一是需要提交文档给用户进行确认甚至签字，作为后续交付的可靠依据；二是为了给研发团队提供详细的需求说明，确保项目的顺利进行。

SaaS 产品的特性决定了其需要经过多次迭代优化。在处理这种产品的文档时，传统的 Word 文档形式常需要频繁修订，有些团队为避免覆盖原始需求，选择每次迭代都重新撰写文档。这种文档组织的好处是每一个版本都有迹可循，能够对产品需求历史进行跟进，但不足之处在于，难以全面掌握产品需求的最终状态。因为每次迭代并非对原有内容的完全复制，这也导致了解产品全貌时需要查阅大量历史文档。

我所负责的产品已基本采用原型文档来替代传统的需求文档。但我们仍将需求文档中的关键信息整合至原型文档中。接下来，我会详细说明这一做法。

需要明确的是，不同的文档形式各具特点。实际工作中，团队可根据磨合情况、工作习惯及现有流程灵活选择最适合的文档形式。

接下来，我们介绍需求文档的编写。

5.5.1 需求文档的 7 个重要部分

为了确保需求文档的完整性和清晰度，一个合理的文档结构非常重要。在结构上，SaaS 产品的需求文档与传统软件需求文档的差异并不显著，均涵盖软件工程的核心领域。我编写的一些需求文档包含了如下内容：版本说明、产品概述、功能主要流程、具体功能名称及描述、功能流程图（如适用）、界面输入项（字段名称、校验规则及字段说明）、界面输出项（字段名称及字段说明）、按钮说明、业务逻辑说明、权限说明以及特殊需求说明等。这些内容都是确保需求文档准确、全面的关键要素。

1. 产品概述

在首次编写产品文档的过程中，产品概述是不可或缺的环节。它主要涵盖了产品的背景介绍、所解决的问题、基本方案概述、涉及的角色、整体流程阐述、在系统中的定位，以及功能框架与清单的详解。随着产品的迭代更新，若发生变更，应及时调整相关章节的内容。

2. 功能说明

对具体功能的描述，如功能的操作人员、功能解决的问题、功能流程等。

3. 字段说明

文档中需要明确列出输入字段和输出字段，并详细说明每个字段的长度、格式以及校验类型。对于涉及状态描述的字段，必须清晰地解释每个状态值的具体含义。若有必要，可以附上状态机流程图以增强理解。

4. 按钮说明

对按钮名称及其含义，描述按钮在点击前后的状态及界面展示效果，一般使用一些原型工具时，建议增加按钮的跳转链接，以方便团队成员对需求文档的理解。此外，若某些按钮需要支持快捷键操作，也需要明确说明快捷键的设定或支持方式。

5. 业务逻辑说明

在业务逻辑的阐述中，我们应与流程图紧密结合，以便更全面地解释业务流程。对于流程图已经清晰展示的部分，业务逻辑说明可以相应简化；对于那些未绘制流程图但需要详述业务逻辑的情况，我们应在业务逻辑中进行详细阐述。除此之外，关于功能的前置条件和后置条件等其他细节也应在功能描述中予以明确。

6. 权限说明

在一些产品中，某些功能可能对权限有特定的要求，可在此部分详细阐述这些需求。通常情况下，如果权限配置是通用的，可以不再单独说明。

7. 特殊需求说明

对于那些在功能设计中难以归类的特殊情况，在此模块做补充说明。例如，一些需要参考引用性的文件资料、非系统功能的说明等，都可以在此进行阐述。

一份合格的需求文档应具备以上的基本章节介绍，但需求文档的具体格式和内容并非固定不变，各团队可根据实际工作需要进行适当调整，能够清晰阐述需求，以支撑团队评审、开发、测试及上线为主要目标。

5.5.2 编写需求文档的 6 个技巧

在编写需求文档时，除了需要涵盖上述内容，还需要关注一些编写文档的注意事项。这些事项包括通用规范、命名标准、编辑记录以及操作技巧等内容。遵循这些规范和要求，有助于提高文档的质量和可读性。

1. 通用规范

在编写文档时，有许多内容（尤其是功能操作和字段）在不同功能中存在大量重复。为了简化篇幅，提高编写、管理和阅读效率，可以考虑提取共性内容，对功能和字段进行提炼，并编写为通用规范。这一做法对产品人员、研发和测试人员都十分友好，避免了不必要的重复工作，同时降低了产品设计中可能产生的不一致性风险。当某些字段在部分功能中存在特殊的逻辑时，我们可以在具体功能描述中予以明确说明。

在某个产品设计过程中，制定了一套通用的规范，如图 5-7 所示。

2. 命名标准

在制定命名标准时，需要充分考虑词汇选择、词汇组织和字段定义等多个方面。之前我们已强调过，命名的准确性对产品至关重要。为了便于用户和相关人员理解，应避免使用冷僻或非标准的词汇。当同一语义存在多种表述时，应保持统一，以维持一致性。同时，应尽量避免引入新概念，以免增加用户的认知负担。

```
新增
一、输入区
1.下拉框一般为必输项，默认为"--请选择--"
2.输入项内容应该满足一般性校验要求，如手机号规则（以1开头，11位数字），身份证号规则（15或者18位数字，末尾可以为X），邮箱规则（XX@XX），
数量（0或者正整数），日期（一般精确到年月日，有时需要精确到时分秒，具体功能具体说明），输入长度限制等
一般无特别输入要求的输入框，可输入字符范围请参考：/^\s*[\u0391-\uFFE5\w~!@#$%^&*?+-\|\/(){}\[\]<>,.！ ]{0,99}\s*$/
3.输入项一般默认均为空，如操作人员进行输入或者选择，需要默认值的会在具体功能中强调
二、按钮区
1.保存成功给出保存成功提示，点击提示框中确定或者提示框消失后，需要跳转到查询列表界面，特殊需求会在具体功能中说明；保存失败需要在界面给出
提示，点击确定后留在当前界面
2.点击返回或者取消，跳转到上一界面，特殊情况会具体说明或者依据原型中的跳转方式

修改
一、输入区
1.进入到修改界面时，所有的输入项要和新增（也有可能是修改后）的输入值保持一致，特殊情况会在具体功能中说明
2.修改的常规字段校验，和新增时保持一致，如果修改的字段需要唯一性约束，则需要进行校验
二、按钮区
1.保存成功给出修改成功提示，点击提示框中确定或者提示框消失后，需要跳转到查询列表界面，特殊需求会在具体功能中说明；保存失败需要在界面给出
提示，点击确定后留在当前界面
2.点击返回或者取消，跳转到上一界面，特殊情况会具体说明或者依据原型中的跳转方式

删除
1.本系统无物理删除，所有删除均为逻辑删除
2.删除后，需要更新查询结果列表中对应的数据（一般用户端不需要出现已删除的数据）
```

图 5-7 通用规范

关于中英文名词的转换，为方便研发团队的操作，建议采用驼峰命名法。例如，将中文名词"用户名称"转换为英文时，可考虑使用 userName、user_name 或 UserName 等表示方法。其中，第一种方式 userName 更符合编程人员的常规习惯。

3. 文档变更记录

在处理文档变更时，务必保留详细的修改记录。在每次迭代过程中，务必记录下编辑者姓名、时间、版本号以及具体的迭代需求条目等信息。此外，每个版本都应保留对应的副本文件，以便后续追踪和评估产品设计。

4. 善用模板

在编写文档时，应尽量使用标准化的模板。这些模板能够确保内容完整无缺，避免遗漏重要信息。通过使用模板，可以起到类似于检查清单的作用，提高文档的完整度和准确性。

5. 引用而非复制

在处理可能存在引用关系的功能时，我们应优先选择引用而非复制。这不仅是开发领域中的一项重要理念，同样也适用于产品的设计环节。通过这种方式，我们可以有效降低因产品设计变更而产生的遗漏风险。

6. 检查自己的文档

在进行产品设计时，由于种种原因，难免会有所疏漏。因此，在产品设计初步完成后，以阅读者的视角对产品设计文档进行审阅检查或实际操作一遍，是至关重要的环节。这一过程能够及时发现各种细节问题、设计缺陷，甚至是一些重要的功能遗漏，从而有助于完善产品设计。因此，这一步骤对于提升产品设计质量具有重要意义。

产品设计文档经过检查没有问题后，就可以进入下一阶段——产品评审。

5.6 产品评审

产品评审环节至关重要，它不仅关乎产品的质量，更关乎整个团队的协同合作。在前期的产品开发流程中，我们重点关注的是产品本身的功能和特性，而在这个环节，我们需要将重点放在团队的协同合作上，确保团队成员之间的沟通理解一致、配合默契，以达到最佳的工作效果。

产品评审对新手产品经理而言，具有挑战性。在此过程中，容易出现矛盾与冲突。例如，与会人员可能会对产品需求的合理性、设计的逻辑性以及开发工作量等方面提出疑问。因此，为确保评审顺利进行，前期准备工作至关重要。这不仅需要建立团队间的信任，更要求产品经理具备出色的产品设计能力和沟通技巧。接下来，我们将探讨如何高效完成产品评审工作。

5.6.1 确定与会人员

在产品评审过程中，通常会涉及多个团队，包括产品团队、研发团队（前端研发、后端研发）、UI 设计团队、测试团队、运营团队、售后团队等。在某些情况下，销售和售前团队也会参与其中。

需要注意的是，用户在此过程中并未直接提及。这是因为在 SaaS 建设下，邀请用户参与评审存在一定难度。由于每次迭代都是面向多个客户进行的，而不是只为某一特定客户服务，因此即使某个客户提出了需求场景，也可能仅涉及本次迭代的部分内容。此外，用户可能没有足够的时间参与评审。

在项目场景下，产品评审可以直接邀请客户参与，并需要客户代表签字确认。然而，在 SaaS 产品评审中，很难做到这一点。如果能有用户代表愿意参与评审，那将是非常幸运的。这样，我们就可以避免在系统上线后才邀请用户验证的情况，从而减少后续调整的可能性。

一般来说，成熟产品线的产品评审所涉及的各个环节是比较明确的。而对于新成立的团队，需要额外关注上述问题。

5.6.2 评审会准备

1. 沟通准备

在产品组织中，通常存在一位或多位意见领袖，他们可能具备较高的职位或专业的知识。在产品评审过程中，这些意见领袖往往具有很强的话语权。如果产品人员自身具备此类素质，那么便无须在此方面投入过多精力。若产品人员不具备这些素质，产品评审前与关键环节的意见领袖进行沟通是必要的。

这些沟通主要表现在以下几个方面：首先，在产品设计环节中，产品人员可能需要与团队主要成员就产品方案的确定进行沟通与论证，以选择最佳方案；其次，在评审会议前，就重要的产品议题进行提前沟通，有助于达成共识，避免评审过程中出现重大分歧，从而确保评审进程的顺利进行。

2. 会议预约

为确保会议顺利进行，请提前安排一个会议室，并确保线下或线上的设施完备。做好提前预约，以免出现场地冲突或设备不足的情况。

3. 会议通知

在安排会议之前，需要提前向所有与会人员发出通知，以确保他们能按时出席。如果与会人员不固定，请向相关部门负责人咨询，以确定参会人员名单。如果会议已有既定流程和与会人员，逐一进行通知，确保所有相关人员都收到通知。

4. 产品文档准备

产品评审最重要的内容就是审查产品设计文档。一份高质量的产品文档应具备清晰的结构、条理分明的内容，并且没有重大缺陷。需求文档是产品评审工作的关键内容，更是确保产品顺利研发的基础支撑。

5.6.3 评审会注意事项

作为产品经理，虽然头衔中带有"经理"二字，但往往并不涉及组织管理职能。在评审过程中，产品经理的软实力显得尤为重要。这要求产品经理必须具备说服他人的能力，使团队能够按照其设计方向进行工作。

1. 明确评审范围

在产品评审过程中，须明确评审范围，并在必要时提前提出前置要求。

这有助于确保会议内容聚焦，避免过度发散，从而提高会议沟通效率。

2. 妥善处理争议

在产品设计过程中，由于各环节涉及的专业知识和角度不同，可能会产生不同的理解和认知。如果与会者提出更优的方案，且该方案对用户体验无负面影响，甚至能提升用户体验，那么我们可以考虑调整产品设计方案。

但任何对产品设计方案的调整都必须经过深思熟虑，产品人员需要充分阐述用户场景以及产品设计的必要性。同时需要根据实际情况调整工作优先级，在保证产品质量的前提下，合理地分配工作量。

对于一些争议较大的问题，如果无法在会议上达成一致意见，我们可以暂时搁置，留待会后进一步商讨处理。

3. 把控会议效果

在产品评审过程中，与会人员的数量较多，各团队的特点各异。因此，有时会出现讨论过于热烈、偏离主题的情况，导致评审进度缓慢，而在另一些情况下，团队之间过于沉静，甚至有些与会人员对评审内容漠不关心。针对这些问题，产品人员需要及时介入，采取相应措施，确保评审工作的顺利进行。

在处理争执时，我们在上一小节提供了相应的建议。对于与会人员参与度低的情况，我们需要制定相应的应对策略。例如，针对某个产品设计点进行提问，以便获得与会人员的反馈，提高他们的重视程度。我们也可以对实现细节所需的工作量进行询问，以便研发人员更深入地理解评审内容。此外，我们还可以探讨特定场景下的备选设计方案，并邀请与会人员进行评判。这些方法均有助于激发与会人员的参与热情，并加深他们对评审内容的理解。

4. 提出会后要求

在会议即将结束之际，确认是否还有疑问或需要进一步讨论的问题。若没有问题，请团队成员在会后对评审内容进行反馈。具体而言，需要大家评估工作量，包括开发环节的开发工作量以及测试环节的测试工作量等。

5.6.4 评审会后的工作

在评审过程中，如果需要对方案进行调整，则在会后还需要对产品设计方案进行相应的调整。如果调整较大，可能需要再次进行评审。

评审会后，需要跟进各环节的工作量评估。如果迭代周期是固定的，而某些工作量评估较大，可能需要产品人员与业务人员再次共同对优先级进行排序（这是在处理需求时已经进行过一次排序后的二次排序）。我们需要在期限内完成部分优先级高的功能，或者请求研发负责人协调更多资源以应对产品迭代的需求。

接下来，UI 团队将根据产品设计要求展开 UI 设计工作。待设计稿确认后，正式转交至研发团队进行后续开发。

在研发团队中，通常会有一位项目经理或技术经理负责统筹工作。这一角色可由产品经理或技术经理担任，具体分工根据各公司实际情况而有所不同。该角色的主要职责是汇总前后端及关联环节的研发进度，协调问题，确保各环节间的顺畅配合。在汇总各方工作量及排期后，该角色将制定出整体的迭代进度表，团队按计划推进产品迭代。

收到进度表后，产品人员可及时通知相关方。通报内容应包括产品迭代周期、迭代内容以及预计下次上线时间等信息。

5.7　产品跟进阶段的工作

产品评审后，如前期工作准备充分，那么该阶段主要就是帮助 UI、研发和测试等团队准确理解产品需求。若前期产品设计工作存在不足，那么在产品跟进阶段，可能需要发布一些"需求补丁"以完善原有设计，该过程可能触发需求变更过程，需要做好变更控制，以确保产品迭代的顺利进行。

在产品迭代期间，产品团队应持续关注用户反馈及产品表现，利用研发团队的迭代周期深入研究用户需求、使用场景，不断完善产品设计，并为下一轮迭代做好准备。为确保产品设计时间充足并保障设计质量，多数团队在产品上线后的一周内即着手准备下一次的产品评审（具体的评审准备时间可视迭代周期而定，不同团队的要求可能存在差异）。若未能提前准备产品设计内容，可能会导致产品设计时间紧张，影响产品设计质量。

5.8　UI 设计的主要工作

UI（User Interface）设计指用户界面设计。作为产品建设过程中的重要环节，它不仅需要具备专业性，还涉及许多细节方面的要求。在产品开发过程中，UI 设计是产品实现的第一步，对于用户体验和产品品质至关重要。UI 设计有其独立性，但由于它并非产品人员的核心职责，且笔者的专业领域并非 UI 设计，因此将这部分内容整合到了产品设计章节中，在此主要是从产品经理的角度出发，对 UI 设计的主要工作内容进行概述。

5.8.1　工作职责

产品人员通常负责产品功能的设计，而 UI 设计人员主要对产品的展示效果进行把控。在交互设计方面，UI 团队有时会承担部分职责，这意味着 UI 设计不仅影响产品的视觉呈现，还影响对产品的用户体验。一些公司会设立专门的交互设计岗位，无专职岗位时一般由团队内对交互设计有更多经验的成员主导，多数情况下，产品经理和 UI 人员会共同承担这一职责。

5.8.2　设计要求

在 UI 设计领域，SaaS 产品设计的一些准则仍然具有指导意义，例如保持一致性和追求简洁性。接下来，我们将介绍 UI 设计的一些细节。

为了确保产品的规范性，我们应确保同一产品或产品系列在 UI 风格上保持相对统一。这涉及界面框架、界面颜色、字体字号、字体颜色、按钮大小、按钮颜色、列表宽度、校验提示以及弹框提示等元素，这些元素均应遵循统一的标准。这样的规范有助于提升用户体验。

1. 颜色

在进行 UI 设计时，产品界面、字体等颜色色系的选用不宜过多。如需要进行区分，建议考虑采用同一色系的不同深浅颜色进行搭配，以实现更好的视觉效果。图 5-8 展示了我们的产品中常用的色系搭配方案。

2. 字体

字体选择上注意避开可能侵犯版权的字体，字号大小和字体颜色深浅进行统一，如图 5-9 和图 5-10 所示。

3. 按钮

按钮颜色、按钮的字体大小、可用及不可用状态的区分等，如图 5-11 所示。

图 5-8 颜色搭配

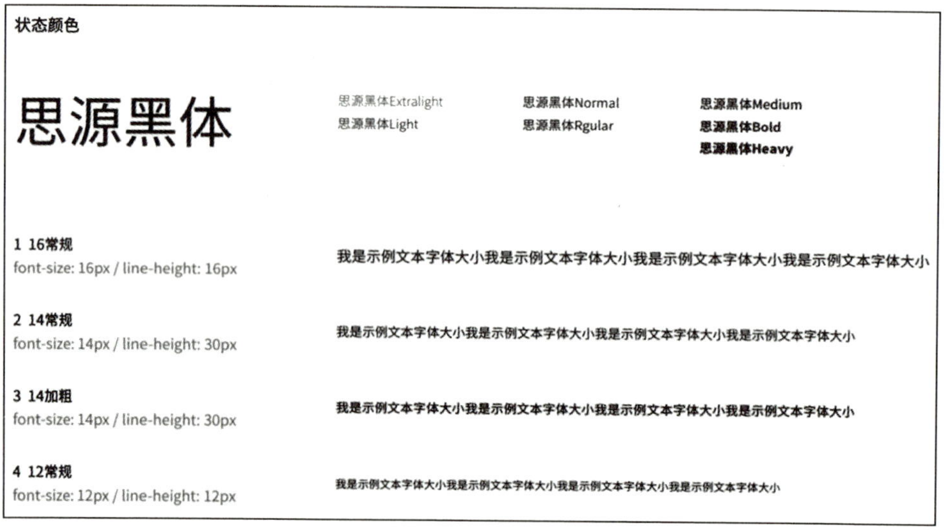

图 5-9 字体规范

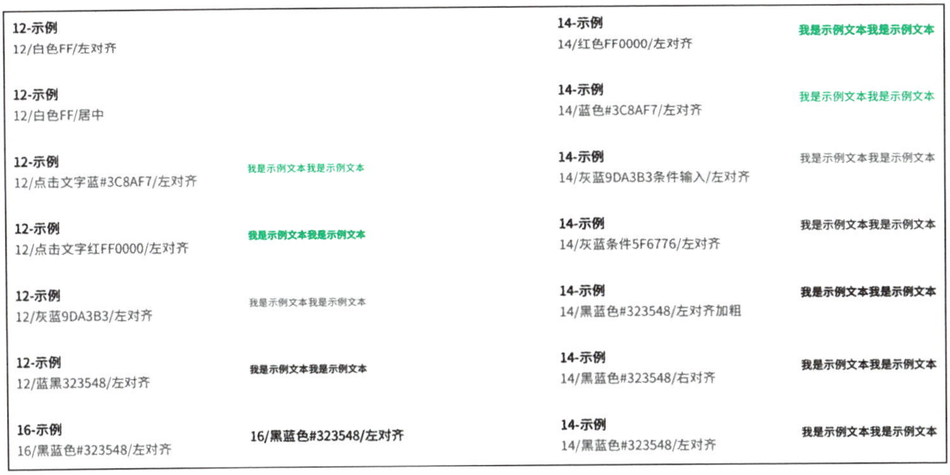

图 5-10 字号及颜色

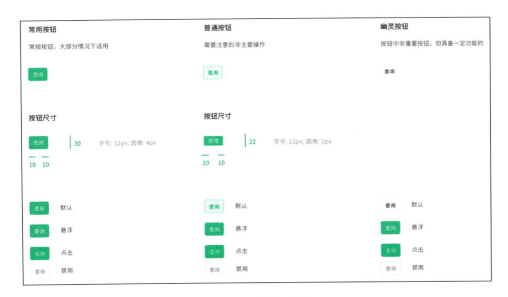

图 5-11 按钮示例

4. 组件

一些分页控件、下拉控件、多选框等的样式，如图 5-12 所示。

图 5-12　组件示例

5. 输入框

输入框的长度、宽度，不同输入状态的显示以及提示处理等，如图 5-13 所示。

6. 点选

不同对象在选中和未选中的不同状态、边框、颜色、粗细区分等，如图 5-14 所示。

7. 表格

表格的高度、间距、表头处理、选择状态、字体大小、折行或隐藏状态的处理等，如图 5-15 所示。

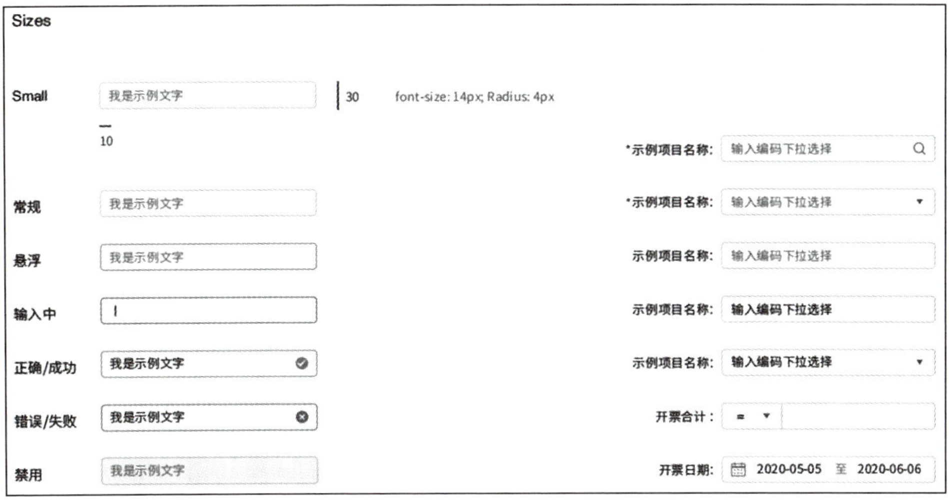

图 5-13　输入框示例

图 5-14　点选状态示例

8. 弹窗

弹窗的颜色、样式、文字大小、按钮适配、不同状态的提示效果等，如图 5-16 所示。

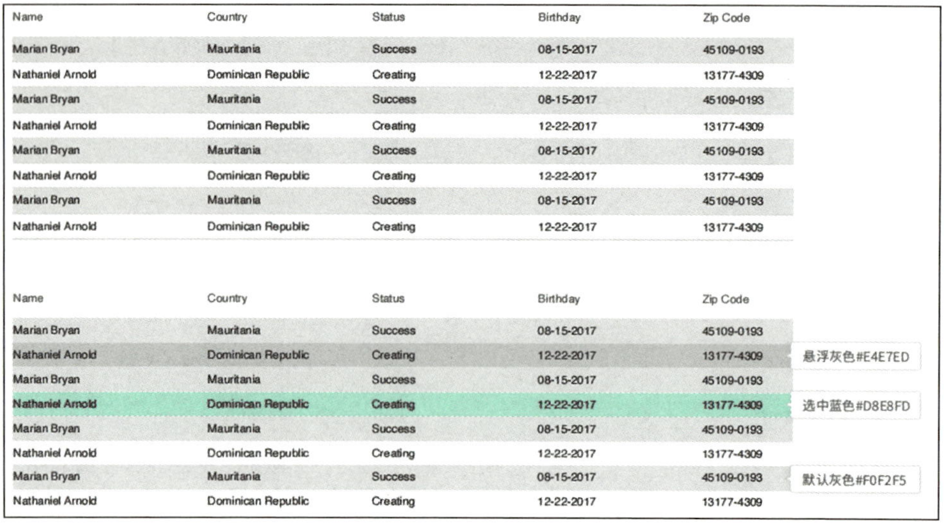

图 5-15 表格示例

图 5-16 弹窗示例

以上是笔者在 UI 设计方面的一些实践,大家可根据自身产品的特点选择合适的 UI 设计规范和方案。

5.9 本章小结

本章探讨了需求场景,通过 5W2H 的方法对场景进行理解,还详细介绍了 SaaS 产品设计的原则。针对产品架构设计及其与业务架构的关联性进行了阐述,并对产品架构的渐进式设计与最小化场景闭环之间的差异进行了区分。接下来,通过实际案例展示了产品的主要流程,并重点介绍了需求文档的具体编写内容、产品需求评审的四个关键方面,以及产品评审后的产品工作。最后,还简要介绍了与产品设计紧密相关的 UI 设计工作。

第 6 章

产品研发

在研发中，没有捷径可走。

——比尔·盖茨

技术研发是产品落地的最重要过程。所有的设计，最终都需要研发实现，才能转变为真正可使用的产品。在第 2 章中，我们曾探讨过 SaaS 产品的开发模型。在此基础上，本章将解析产品研发管理的整个流程。产品研发需要先评估产品需求的内容，制定技术方案，安排研发及各项对接工作等，评估开发工作量，制定迭代计划，确定上线时间。

6.1 需求评估的注意事项

在产品评审阶段，研发团队会开展对产品设计工作的初步评估，以确认其可行性及合理性。评审会结束后，研发团队还需要进一步对产品方案进行详细的评估，并安排具体的工作进度。在此过程中研发团队对产品设计方案需要关注几个重点问题。

1. 实现难度

针对某些产品需求，由于技术要求很高或实现难度很大，需要与产品团队进行深入沟通，调整产品方案，以确保项目顺利进行。在实施过程中，若遇到技术难题，需要对研发资源进行全面评估，确保有足够的支持来满足这些需求。

2. 实现工作量

针对实现上较为简单但工作量很大的需求，研发人员和需求人员需要进行协商，共同探讨可行的解决方案。这可能涉及调整技术方案或产品方案，以减少开发工作量。若是仍无法解决问题，只能考虑增加研发资源或适当延长开发周期来应对。

3. 合理性

部分有经验的研发负责人会对一些产品设计的合理性提出疑问，有些产品经理可能由于经验不足或能力不够，提出的产品设计方案并不能解决用户问题，或者方案本身不是最优秀的设计方案，需要给予一定的反馈和引导，帮助产品人员完善设计方案。

4. 产品扩展规划

在需求评估过程中，有些产品设计方案仅是当前阶段性的方案，后续随着产品的不断迭代，这些方案也可能会不断地演进，如果仅限于当前方案，技术人员在技术架构设计上对扩展性考虑不足，可能会导致后续技术方案的大调整。所以在需求评估阶段，就需要跟产品经理沟通这些产品设计未来可能的迭代方向，预估承载的规模、功能扩展的程度等，做好技术架构的可扩展设计，选择最合适的技术方案，为后续的产品迭代打下基础，平衡好整体技术成本的投入。

SaaS产品持续迭代的时间越长，产品积累的业务逻辑就越多，有些需求难免涉及产品已有功能、流程的调整，这些需求可能会导致"牵一发而动全身"的情况，所以在评估需求的过程中，需要尽可能考虑周全，研发人员对技术实现更为清楚，更需要关注这些问题，在需求评审过程中，针对新需求产生的非预期调整及时反馈，让产品经理能够了解并处理这些潜在风险。

6.2 技术设计

技术设计是一项高度专业化的工作，需要架构师、研发负责人、研发工程师等多个岗位的共同参与和协作。由于本人在技术领域的专业能力有限，在此仅对技术设计的相关工作进行简单介绍。

6.2.1 技术架构

在产品建设的起始阶段，技术架构是研发团队必须面对的重要任务。初期的技术架构可能相对简单，但我们需要对其进行预先设计和规划，以保障产品的建设和使用能够顺畅进行。

1. 通用技术架构

技术架构一般会包括基础设施层（服务器、网络等设备）、数据资源层（数据库、文件服务等）、服务层（各类微服务及中间件）、应用层（各种应用服务）、展现层（各类前端界面）等，另外还包含信息安全体系、标准规范体系、运维规范体系等。对于专业人员来说，架构中的每一层都是一个庞大的体系，有兴趣的朋友可以去查阅专业类书籍，图6-1是一种示例的架构模型。

SaaS平台对安全性问题需要高度重视，制定各项安全措施，包括硬件环境安全、网络安全以及应用安全等一系列安全防护工作。

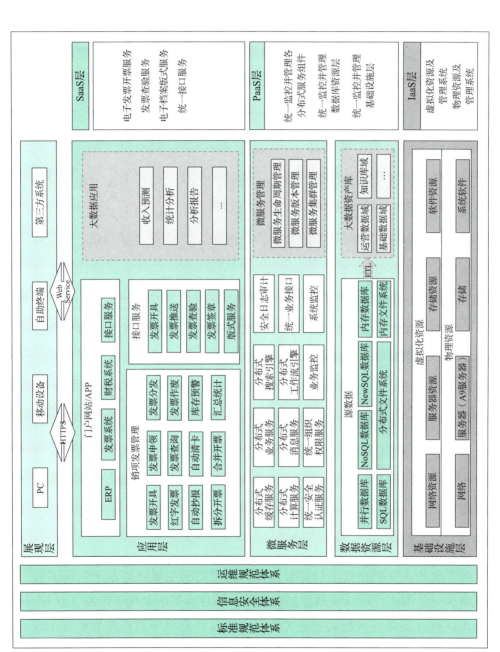

图 6-1 技术架构示例

随着用户数量的增长，SaaS 平台承载的压力增加，我们需要逐步调整和优化部分架构内容。在产品的早期验证阶段，我们可能不会投入大量精力进行高并发和高可用性的架构设计。当用户数量上升时，我们就必须处理这些问题，否则平台可能会出现各种异常，进而影响生产环境的稳定性。

2. SaaS 平台的架构模型

SaaS 平台具有多租户特性，其技术架构需要满足特定要求。我们讨论几种技术架构模型，主要针对应用层和数据资源层。

多租户对于 SaaS 平台的影响，一是体现在应用层，二是体现在数据层。

- 应用层：很多用户使用一套服务，在某些出现分支版本或者客户有定制需求的情况下，可能会出现部署多套应用服务或者通过系统实现来管理多版本的情况。
- 数据层：主要考虑数据隔离问题，即不同的用户看到不同的数据，这本质上是一种数据权限模型，一般的数据权限模型会有一个根节点，有超级管理员可以进行管理，但 SaaS 平台上的客户之间并无从属关系，不同客户之间需要做到仅管理属于自己的数据，所以在数据的隔离处理上，SaaS 平台需要对数据隔离的处理更为严谨。我们介绍几种方案。

（1）独立数据库

该方案是一个租户使用一套数据库，此方案的主要优势在于实现了数据层面的完全隔离，增强了数据的安全性，并且提供了高度的定制化服务。然而，这种方案存在明显的不足之处，即容易导致服务器资源的浪费，增加成本。此外，当用户数量增多时，会产生大量的数据库实例，从而给维护工作带来挑战。

（2）共享数据库，独立实例（Schema）

该方案允许在同一个数据库服务上创建多个实例，每个实例与一个特定用户关联。此方案的优势在于为安全需求较高的租户提供了某种程度的逻辑数据隔离，但并非完全隔离；同时，单个数据库可以容纳更多租户。其缺点是仍需要对多个数据库实例进行维护，服务进行升级时，需要处理多个数据库实例，维护成本相对较高。

（3）共享数据库，共享实例，共享数据表

该方案采用同一套数据库和表结构，通过在表中扩展增加不同用户ID来实现数据隔离。这种模式共享程度高，隔离级别低。其优点在于维护和购置成本较低，能够支持大量租户。但由于隔离级别较低，需要在设计开发阶段增加数据隔离控制的工作量。

这是SaaS平台多租户情况下的三种数据隔离处理方式，基于我们所处的行业特点、业务需求以及技术研发的考量，我们选择了第三种处理方式来实现数据隔离。

在数据处理层面，随着数据规模的日益扩大，数据库性能问题逐渐凸显。为解决这一问题，可从数据库设计角度采取分库分表策略，或利用技术手段迁移至分布式数据库，以解决数据库层面的性能瓶颈。

3. SaaS平台技术架构设计的3个特性

（1）兼容性

SaaS产品由于用户数量众多，其使用场景和环境也各不相同。因此，在设计SaaS产品时，必须充分考虑兼容性问题。兼容性主要表现在场景兼容、依赖环境兼容和接口兼容等方面。

以扩展导入表格字段为例，如果用户仍使用旧版表格进行导入，新增字段非必填时，应确保旧版表格能够正常导入。

由于用户使用的浏览器和操作系统各不相同，依赖环境兼容性也显得尤为重要。为了满足更多用户的需求，我们的产品应兼容多种浏览器及版本，以提升用户体验。

接口兼容性问题同样重要。SaaS 平台可能需要与众多第三方平台对接。如果每次升级都需要第三方平台同步升级，不仅成本高昂，还可能对用户正常使用造成影响。因此，在接口设计时，我们必须充分考虑兼容性，并做好版本规划。在接口服务升级后，应尽量减少对原有对接方正常调用的影响。

（2）高可用性

高可用性是很多系统的基础要求，SaaS 平台用户基础大，高可用问题需要放到更重要的位置上。保障高可用性，需要从多个方面处理，比如产品设计、技术设计、运维架构等。

在产品设计方面，对一些高并发或高资源消耗的场景，可以分解为多个子场景完成，或者将一些同步处理改为异步处理，减少服务的并发压力。

在技术设计方面，一些表关联过多的场景，可以考虑通过冗余字段，减少表关联带来的资源消耗；在一些服务的设计上，可以采用分布式技术或者支持分布式部署。

在运维架构方面，避免单点故障，通过双路由、双服务器、软件集群等多种方式保障服务的承载能力，在面对更大并发压力时，可以做到动态增加服务资源。

（3）可扩容

随着用户数量的增加，SaaS 产品所依托的系统设计、服务资源以及数据库等基础设施可能会面临性能瓶颈。因此，在系统设计之初，我们就必须充分考虑其动态扩容的能力，以避免因用户量激增而导致的架构重构。

这样的重构会耗费大量的资源。为了确保整体系统的稳定性和可用性，我们在设计阶段就必须充分考虑其可扩展性，通过动态扩容，使整体系统长期保持稳定可用。

6.2.2 技术选型

在进行架构设计的同时，技术选型工作也需同步展开。鉴于技术的多样性，我们需要找到最符合当前产品发展的技术方案。在技术选型过程中，我们需要考虑多个因素，如技术的成熟度、官方支持、开源状态、是否收费、对分布式系统的支持以及人才储备情况等。对任何环节考虑不足都可能增加后续的风险和成本。

在技术选型时，我们必须立足当前的实际状况，选择合适的技术。考虑到 SaaS 平台的建设需要应对用户量不断增长的情况，我们应尽量选择能够支持分布式的技术，以满足未来的高并发需求。总结起来，技术选型需要遵循以下几点：

1）优先考虑使用开源产品。由于开源产品的源代码是公开的，我们可以通过阅读和分析源代码迅速定位并修复问题。此外，大多数开源产品都是免费的，这为用户节省了大量的成本。

2）优先考虑那些相对成熟和流行的技术。这些技术通常拥有一个活跃的社区，或者在 GitHub 上得到较多开发者的关注和参与，这意味着该产品或技术的漏洞较少，更为稳定和成熟，且与周边的生态系统具有更好的兼容性。同时，当出现问题时，由于社区的活跃性，我们可以快速找到解决方案。

3）优先选择自己熟悉的技术。为了降低项目风险，新技术的采用比例应适度控制，避免引入过多的不确定性。当然，这并不意味着我们排斥新技术，而是要在学习、接受和尝试的过程中逐步引入。通过这种方式，我们既能确保项目的稳定性，又能为未来的技术发展做好准备。

4）使用前要做充分的调研和比对，真正了解要使用的技术。对于同类技术要进行多维度的比对和测试，了解该项技术的特性和优缺点。对于新技术更是要慎之又慎，最好团队的大部分成员能够认可而且觉得有必要，并且初期要控制使用范围，要有试错的过程，经过充分的场景验证后才可以逐步推广。

5）要用发展的视角去看待。在产品初期充分考虑业务和数据的增长速度和规模，可以选择简单易维护的技术，避免过度设计。后期随着产品迭代，需要进行适度的技术重构和升级，届时会自然而然的淘汰掉过时的技术，换上更适用的新技术。

6.2.3 概要设计

在传统项目中，概要设计作为一项重要的工作，通常需要根据合同规定向甲方提交相应的设计文档。而在 SaaS 产品开发流程中，概要设计的完整性会根据产品所处阶段及迭代版本的具体情况进行调整。

在产品早期阶段，概要设计需要尽可能设计完善，概要设计基于对产品需求的理解，确定所选择的技术架构和网络拓扑结构，以及所需要的开发平台、硬件环境、软件环境等信息。

概要设计需要指明开发规范，比如文档规范、编码规范、接口规范等。

概要设计要具体到功能层面，需要明确功能架构，功能间的关系等信息。每一个模块都需要描述作用，说明每个功能输入项、输出项、业务逻辑、使用到的相关数据库表等信息。

在数据库设计方面，尤其是数据库表的三范式设计，产品人员应当有一定了解。数据库设计并不涉及编码工作，但其重要性不容忽视。事实上，数据库设计相对简单，如了解数据库设计，设计产品时则更容易选择最优方案，避免出现逻辑性问题。

在 SaaS 产品的持续迭代过程中，基础数据库表结构的调整频率将逐渐降低。概要设计将更多地关注优化调整工作。

文档编写工作往往需要耗费大量时间，导致许多研发人员对此并不热衷。团队管理者需投入一定的精力来引导团队成员完成文档工作，这不仅有助于提高团队的整体协同效率，还能为产品的长期维护提供有力支持。

6.2.4 详细设计

在软件开发过程中，详细设计文档通常由研发团队编写。我们了解到部分团队可能并未编写详细设计文档。为了促进团队间的有效沟通与协作，他们可能会利用绘图工具来绘制各种图表，如流程图、架构图、UML 图和 ER 图等，以便更清晰地传达设计思路。

在进行详细设计时，我们需要充分考虑几个关键因素。首先，确保设计的可复用性是至关重要的。为此，我们应对可共享的组件或模块进行识别和提取，并制定相应的使用规范，以形成通用的方法或接口。

在团队协作方面，明确团队成员之间的分工也很关键。在实现复用性的过程中，我们需要确保每个团队成员都清楚自己的职责。

关于系统间的交互方式，一般而言，系统内的组件间调用通常以函数或方法的形式提供，这使得调用更为便捷。而当涉及不同系统之间的协作时，通常会采用接口的方式进行交互，以确保数据传输的准确性和稳定性。

1. 系统内的方法设计

在系统内的设计，通常涉及类、包、方法等元素，这些内容往往更侧重于具体的实现细节。在系统设计过程中，需要对每个调用层级、每一种方法和实体对象进行详细规划。调用层级主要关注逻辑调用关系，需要明确指出调用的相关方法和对象。对于方法的设计，通常需要考虑输入、输出以及处理逻辑等方面，实体对象的设计则涉及属性的定义。

2. 前后端接口设计

在软件发展的历程中，前端与后端分离的开发模式逐渐崭露头角。这种分离设计降低了前后端的耦合性，使得分工更为明确，已成为行业趋势，尽管目前仍有个别团队由一位开发者同时承担前后端工作，但此类情况正逐步减少。

前后端分离需要处理协作上的问题。为了确保前后端开发人员顺畅沟通与配合，需要就数据交互的内容制定详细的文档。

前后端分离后，前后端分工如表 6-1 所示。

表 6-1　前后端工作侧重点

前端工作	后端工作
处理 UI 层	处理服务层
处理渲染逻辑	处理业务逻辑
接收数据、返回数据	提供数据

其中接口一般由后端研发同事完成，可以借助一些管理接口文档的第三方工具，通过线上文档完成接口的规范编写和更新。

在编写接口文档时，我们需要遵循一些基本的规范和标准。首先，后端开发人员需要对响应代码进行统一编码，以确保接口的正确性和可读性。其次，我们需要做好接口的版本控制，以便在接口发生变化时能够及时更新文档，并保证前后端开发的协同性和一致性。

此外，为了提高系统的健壮性和稳定性，我们还需要对后端异常进行捕捉和处理。在前后端交互的过程中，安全性设计至关重要，需要采取有效的措施来确保数据的安全传输和存储。

在定义接口时，我们需要包含一些必要的信息，如接口名称、接口地址、输入参数、返回参数、错误码和错误信息等。这些信息应该清晰明了，易于理解和使用，以便前后端开发人员能够准确无误地调用接口并处理异常情况。

3. 系统对外接口设计

在通用性 SaaS 平台中，对接的第三方平台数量可能较多，因此接口设计对于众多服务商的接入至关重要。与系统内部前后端之间的接口工作相比，需要考虑的问题更为复杂。

除了一些基本的接口输入输出规范外，平台接口还需要考虑接口的安全性、原子性、兼容性、高性能等多种情况。

（1）安全性

SaaS 平台作为一种平台服务，安全性是很重要的，一旦出现数据安全问题，影响会比较恶劣，保障接口安全也就成为最基础的要求。接口安全需要注意的问题，一是对业务报文信息进行加密，二是需要验证接口双方身份。如一些平台使用 RSA 签名验签算法，来验证接口请求方身份。平台安全要求严格的则两种方法都需要使用，既需要验证身份又要避免明文信息在网络上进行传输。

接口数据安全只是接口安全保障的一部分，接口安全还要考虑异常请求处理、恶意请求处理等。

（2）原子性

有些业务相对复杂，可能涉及流程处理，接口封装度过高，可能会造成部分业务处理的灵活度降低，所以还需要一些更原子的接口，方便第三方平台进行组合使用，更好地满足外部业务需求。

关于接口原子性的问题，我们早期为了便于第三方平台的开发，采取了将多个功能封装在单个接口中的做法。这种做法对于部分第三方平台而言，可明显降低开发对接成本，只需要一次调用即可解决多个问题，这一策略为我们开拓合作伙伴关系奠定了良好基础。

然而，随着接入平台数量的不断增加，我们注意到不同平台的需求存在差异。他们往往需要对某些过程中的状态进行干预处理。在这种情况下，高集成度的接口无法充分满足这些需求。因此，我们对原有的接口功能进行了细化拆分，确保每个简单的工作或内容都能独立地提供一个接口。这一调整使得第三方平台能够进行更精细化的控制，进一步提升了平台的灵活性和可定制性。

（3）兼容性

接口的兼容性问题，是 SaaS 系统在设计和迭代过程中必须重视的核心问题之一。由于 SaaS 系统的持续升级特性，如果接口的兼容性不足，将导致第三方平台需要进行频繁的调整和处理，这增加了不必要的工作，可能引发第三方平台客户或合作伙伴的不满。因此，我们在设计接口时，应充分考虑接口的兼容性问题，例如为接口设计版本号，并确保每个接口都能实现向上兼容，从而确保系统的平滑升级和第三方平台的稳定性。

（4）高性能

在平台发展过程中，高性能问题是一个不可避免的挑战。如在产品初期对高性能设计缺乏充分考虑，可能会导致中后期需要耗费大量资源和时间进行结构性调整，甚至需要第三方平台的配合。这不仅增加了成本，还可能对接口的兼容性造成影响。

因此，在产品初期，我们就有必要对接口的高性能设计进行全面的方案评估，即便在早期开发中未实现这些高性能特性，也应预留出足够的扩展空间或平滑升级的解决方案，以便应对未来的性能问题。这有助于避免后续大规模的规范调整，并最大限度地保持接口的兼容性。

对于接口高性能设计的常见方法，包括但不限于将同步接口拆分为异步处理、支持分布式处理、支持批量操作、对部分查询数据进行缓存处理以及实现数据库读写分离处理等。这些方法可以帮助我们有效地提升接口的性能，确保系统的稳定和高效。

6.3 基于敏捷开发的研发过程管理

研发过程管理有多种模型，比如基于 IPD 研发管理体系，IPD 的核心内容是以市场为导向的产品开发，关注客户需求，将产品开发看成一项投资（商业价值），通过 CBB（公共基础模块）和跨部门的团队准确、快速、低成本、高质量地推出产品。IPD 是一个相对重量级的体系，要落地执行往往需要从整个公司层面去整体考虑和推动，而不仅仅是研发团队内部的变革，需要高密度的跨部门协作，所以对于中小型企业来说，IPD 也并不一定适用。

还有基于 CMMI 的研发管理体系，这个 CMMI（能力成熟度模型集成）相信大家都不陌生，从一级到五级，覆盖了 20 多个过程域，一般能达到 CMMI 级别 3 的基本上可以理解为各类流程、过程规则等已经达到一个较好的水平。从实践效果看，这种模型其实更适合于以瀑布式开发为主导的项目开发及产品研发模式。虽然有些公司通过了 CMMI 级别 5，但是实际执行的过程中，可能并没有完全按照 CMMI 级别 5 进行，需要根据实际情况进行裁剪，相比于它对实际研发过程的指导作用，有时 CMMI 认证更多的是为公司增加一种重要资质，以期在招投标中获得更多的加分优势。

这两种体系看起来都不太适应需要快速迭代的 SaaS 产品体系，我们在实际工作过程中，以敏捷开发模式推动研发管理，在第 2 章我们也提到了这种模式。在敏捷模式下，迭代的节奏是非常重要的，基于统一的节奏，产品、开发、测试、运维等不同岗位的人员就像建立了生物钟一样有规律的执行，团队间的协同能力得到极高的体现。在这个研发体系中，敏捷团队负责人的主要工作除了执行例行的会议、任务分派，最核心的就是对工作任务的控制，既要照顾到需求方的关切，又要做好迭代节奏的把控。

敏捷开发注重对客户需求的响应，敏捷并不是具体的工作方式，而是一套原则和价值观，在敏捷开发的思路下，出现了诸如 Scrum、看板、功能驱动开发模式（FDD）、极限编程（XP）、水晶方法等多种敏捷开发方法。但工具或者方法都是表象，并不是你掌握了这些工具就掌握了敏捷，这套思维模式才是我们真正要去学习领会的重点。

6.3.1 敏捷开发的 3 个核心特点

敏捷开发方法有多种，而这些方法具有一些共同的特征。

1. 迭代周期较稳定

我们前面提到，敏捷模式下，整个团队像一个有机体一样默契运转，如果迭代周期忽快忽慢，对团队成员的工作节奏会带来较大影响，不仅仅是部分人力资源的浪费，还有团队成员的心理压力和工作压力的问题。所以建议敏捷开发模式下，迭代周期相对固定比如 3～5 周。

2. 持续交付价值

SaaS 产品需要持续迭代，之所以选择敏捷开发模式，是因为敏捷开发能够有效支撑快速增量交付。敏捷开发以逐渐增加功能的方式来交付产品，交付过程可以有更灵活的方式控制产品质量，比如一个迭代周期内，减少上线条目，提升对质量的要求，就可以对 SaaS 产品质量的提升有很好的支撑。敏捷实践可以做到快速的交付，这给用户带来即时的效益和产品价值。

持续迭代、持续交付，也可以对原有的不适当产品功能进行及时的调整。

3. 团队成员自我管理

敏捷开发比较依赖团队的自我管理和配合。人是敏捷开发的核心。在工作计划确定之前，几乎很难由某个人决定下一次版本发布的全部确定内容，甚至在工作计划确定之后，各种各样的情况也会导致上线时间或内容与计划产生偏差。创造产品所需要的全部技能不是由一个人完成的，它需要掌握不同技能的人员支持，团队往往是跨职能的，需要团队中的每个成员有自身特长和专注领域，但是工作责任归属于整个开发团队，这给团队的配合带来考验和挑战，需要团队在开发过程中实时跟进和协同。所以在应对可能的变化和挑战中，拥有一个积极的、自我管理的、具备自由交流风格的开发团队，是每个敏捷产品必不可少的条件。

因此，提高团队的凝聚力是创建自组织团队的一个重要因素，而团队的凝聚力就来自大家都在为一件事而努力。发挥团队不同成员的特长，尽量让团队成员做自己感兴趣的事情，才能获得成功。

6.3.2 敏捷开发的重点管理事项

接下来介绍一下我们基于敏捷开发模式在研发过程中的实践。我们的研发过程未必完全复制标准的敏捷开发模式，而是根据我们的实际情况进行了裁剪和调整，仅供大家参考。

从广义上来说，我们全书都是在介绍基于敏捷模式的 SaaS 产品的研发过程。但为了更聚焦，我们这里介绍的敏捷开发过程主要是指技术研发人员的开发过程，而不是整个产品的研发过程。

在开发过程中我们的产品需要关注几个主要工作，如任务排期、进度跟进、风险管理等。

1. 任务排期

进度计划，又称为排期表，是我们根据需求和现有资源制定的工作计划。这个排期表不仅是我们工作开展的基准，还是确保目标一致的主要工具。在制订工作计划时，我们需要全面评估需求范畴与质量标准、可用的资源以及明确的时间要求。同时，还需要考虑工作包的拆解及执行顺序。值得注意的是，某些任务无法被简单拆解，且必须完成才能开展后续工作。这种工作项属于关键路径（在项目管理类书籍中有详细描述）的工作内容，需要合理安排。

在产品的开发过程中，需求范围、可使用资源及开发进度时间是三个紧密相关的要素。若提前完成产品的上线，可考虑以下两种方案：一是缩小需求范围，即减少需求条目或降低质量标准；二是增加资源投入，如增派人手或安排加班。若需求范围扩大，则需要相应地增加资源或延长上线时间；反之，若团队规模缩减，可能需要压缩部分需求或延长开发周期。

在制订 SaaS 产品的进度计划时，需要充分考虑相关行业的特性，上线时间要注意避开业务高峰期。此外，由于某些政策调整可能会对业务使用造成影响，因此需要根据政策要求进行紧急处理。

在完成需求评审后，我们需要对功能清单进行严谨评估，考虑工作量、功能间的依赖关系以及现有资源情况等因素，并进行合理的安排。为了确保每项工作都得到有效执行，我们需要将每项任务分解并分配给相应的负责人或团队成员。通过这样的方式，可以确保项目的顺利进行并达到预期目标。

如果迭代周期固定，可能会出现工作量不足或者过多的情况，这时需要及时跟产品经理沟通反馈，确认优先级，调整本期需求范围。

在一个团队中，从工作类别上会有产品经理、UI、前端开发、后端开发、测试、运维等岗位，产品工作的推进需要一个主要负责人去协同工作进度。在公司的组织架构中，这个角色通常由技术总监、项目经理或技术经理等担任。如果公司没有明确的岗位职责划分，那么研发负责人或产品负责人也可以承担这一协调工作。

在制订整个工作计划时，除了评估研发时间外，还需要对系统联调和测试所需时间进行评估。在工作协同方面，某些任务需要前一阶段全部完成后，下一阶段才能顺利推进；有一些任务则可以同时进行。此外，还有部分任务可以分批次推进。因此，我们需要根据任务性质和团队承载能力进行综合评估，以确保工作计划的合理性和可行性。

2. 进度跟进

从产品经理的视角出发，在实施工作计划的过程中，要再次检查是否有遗漏的需求项或无人负责的任务。应按照一定的周期与团队同步工作进度，定期交流进度状况及所遇到的问题。通过这种方式，团队成员可以及时了解各环节的工作进展和协同状况，有助于尽早发现潜在问题或需要配合的事项。

在 SaaS 产品的跟进过程中，有几个关键的时间节点需要特别关注：一是团队制定项目计划和工作安排的时间节点；二是前后端或不同服务间开始联调的时间节点，这是系统集成和功能实现的关键环节；三是产品进行测试的时间节点，这是产品集成的标志；四是产品计划上线的节点，这是团队成果的最终呈现。

跟进项目需要细心和耐心，需要经常与项目组成员沟通，把产品要的目标和要求表达清楚，并及时同步进展。执行过程中的沟通非常重要，要确保项目进度的信息透明。如果某位成员已经完成了某项任务，而需要其他成员配合才能进行下一步工作，那么必须进行有效沟通，以确保对方了解并知道自己的任务。否则，很可能会导致项目进度延误。

在团队采用项目管理工具进行协作与沟通的情况下，信息具有较高的公开透明度，进度沟通的频率可适当降低。但与关键干系人的定期沟通仍然是必要的，这能确保项目进度及时对齐。

3. 风险管理

在产品建设周期内，风险是多种多样的，比如管理风险、技术风险、商业风险、人力资源风险、财务风险等，对于我们产品技术团队来说，主要关心的是管理风险、技术风险和人力资源风险。风险的管理，简单说就是风险的识别、风险的分析、风险的应对、风险的状态跟进、动态识别和发现可能的新风险，最后归纳经验教训。

工作计划是确保工作顺利开展的基础，对工作进度的监控也是我们识别潜在风险的关键环节。一旦实际进度与计划出现偏差，无论是提前完成还是延后完成，都可能预示着某些风险。例如，提前完成可能是由于我们过度分配了资源，或者对工作计划的评估不够准确；延后完成则可能涉及人员变动，如离职或调动，或者团队中出现了新的工作需求。无论哪种情况，偏差的出现都应引起我们的警觉，因为这往往意味着风险的发生。

风险常常是难以避免的。我们的首要任务是实施有效的风险管理，制定完善的应急预案，并与团队成员保持良好沟通，确保工作协同顺畅，从而顺利完成产品工作。

6.4 开发过程的 2 个重要节点

在上一章节中，我们提及了四个关键的时间节点。接下来，我们将探讨其中的两个重要里程碑事件——联调和提测。这两个环节需要多方协作与配合，值得我们给予更多的关注。

6.4.1 联调

联调并不仅限于前端与后端的联调，它还可以涉及不同服务间的联调，客户端与服务端的联调，移动端与服务端的联调等。

1. 联调准备

在进行联调之前，双方需要明确约定好调用的路径、方法名、字段以及报文组织形式等关键事项。为了确保接口的统一规范管理，降低协同成本，这项准备工作应当在开发初期就开始进行。借助线上化工具，可以更高效地管理接口规范，确保双方在开发过程中遵循一致的标准。

如果接口编写的工作量较大，建议分批次分阶段提供，以便联调双方能够同步启动开发工作，减少等待时间。通常情况下，接口文档应由被调用方即服务端一方负责提供。

在联调之前，服务提供方需要预先配置好调用环境，做好自测以确保服务可用，避免出现最基本的服务问题，导致调试过程中浪费双方时间。

2. 联调阶段

在联调阶段，双方应遵循接口协议进行调试，需要模拟正常和异常情况的数据报文，以确保程序流程的稳定性和可用性。在进行增删改操作时，前端或客户端需要根据报文要求向后端或服务端发送数据，后端或服务端在接收数据后，需要进行必要的数据合法性校验，以防止无效或恶意数据对系统造成不良影响。对于查询类的操作，后端或服务端需要向前端或客户端提供数据，再由前端或客户端通过特定方式进行数据展示。在此过程中，双方需要密切配合，确保数据的准确性和一致性。

3. 联调完成

联调完成后，需要对整体功能进行调试，保证各个模块能够正常使用。

6.4.2 提测

整体开发及联调工作完成，可以提交测试。测试人员对提交的测试内容进行初步的流程性测试，以确认系统是否满足基本的验证要求。评估完成，如系统满足则进入完整性测试的阶段，在此过程中将进行更全面的测试。如果主流程存在重大问题，则中断测试，将结果反馈给研发团队，要求研发团队进一步完善系统以满足测试要求。

在测试环节中，测试团队将与研发团队保持密切的合作与沟通，以确保测试工作的顺利进行。如果待测内容较多，为了提高效率，我们可以考虑分批次提交测试。通过这种方式，我们可以逐步验证系统的稳定性和性能，并及时发现和修复潜在的问题。

研发团队需要持续关注测试结果，并做好相应的 bug 修复工作，以确保系统能够顺利通过各项测试，并最终达到预期的质量标准。

6.5 本章小结

本章介绍了研发环节的主要工作事项，在需求评估阶段要对其合理性、工作量、工作难度等进行评估。在技术设计方面，SaaS 产品必须特别关注扩展性、兼容性和高可用性。在产品推进过程中，我们需要着重关注产品任务计划表、项目进度跟进和风险管理等关键环节。最后本章介绍了开发过程中的两个里程碑节点联调和提测。下一章我们将详细介绍 SaaS 产品在测试环节中的工作内容。

第 7 章

产品测试

软件测试是一种思维方式，不只是一种任务。

——卡尼尔

测试工作往往需要证明别人是错误的，而不是正确的，所以从工作性质上来看，测试是一项颇具挑战性的工作，需要一些更多的思维方式和处理方法。

在整个产品建设过程中，测试工作在评审之后就需要启动，测试是对产品开发功能与设计功能的比较验证，测试要对用户日常使用的场景进行模拟，以判断开发或设计的产品是否符合用户的需求。

SaaS 产品的测试相比于传统产品的测试，场景更多，细节更多，挑战更多。接下来我们从测试的类型，测试流程，SaaS 测试与传统产品测试的一些区分等几个方面进行介绍。

7.1 测试的分类

测试工作从不同的维度可以有不同的分类，一般 SaaS 产品的测试工作指的是软件测试。部分 SaaS 产品中会集成硬件，这时也需要硬件测试。

从工作阶段划分，软件测试分为单元测试、集成测试、系统测试、验收测试。比如集成测试阶段，还包含冒烟测试，系统测试过程中，还会用到回归测试；从是否运行程序划分，可以分为动态测试和静态测试；从是否查看源代码角度，可以分为白盒测试和黑盒测试，而黑盒测试又可分为功能性测试和性能测试，实际上大部分的测试工作，都是属于黑盒测试的范畴；从是否使用自动化工具上又可分为手工测试和自动化测试。

这些分类下的工作项也会互相重叠，同一项测试工作从不同的角度可以归到不同的分类。为了方便理解整个 SaaS 产品的建设过程，我们后续主要从影响整体工作流程和占用测试人员工作量较多这两个方面，着重介绍几项测试工作。

7.1.1 功能测试

功能测试属于黑盒测试的一种，功能测试可分为界面测试、逻辑测试、易用性测试、兼容性测试等。

（1）界面测试

界面测试是对界面的颜色、字体、字号、布局、窗口大小、交互等方面的验证测试，验证功能展示是否符合产品和 UI 设计。

（2）逻辑测试

逻辑测试是验证功能、表间、字段等之间的逻辑关系，比如一个报表的等式计算，公式、取数字段等是否符合产品设计；再如功能间的控制关系，是否需要待基础设置完成才可完成业务操作，还有系统的权限控制等，都可以归类为逻辑测试。

（3）易用性测试

易用性测试涵盖范围广泛，通常被理解为从用户角度出发，对软件使用的合理性和便捷性进行评估。在传统的软件项目测试中，易用性测试的重视程度往往不足，但在 SaaS 领域，却非常重要，产品易用性测试做得好，能够对用户体验提升带来非常大的帮助。

比如提示词语的可理解程度，多重校验的展示效果——是逐一展示还是分别展示，按钮大小对点击操作的影响等，这类测试工作不仅仅涉及开发人员的工作，还可以向产品人员和 UI 设计人员提出优化建议。

（4）兼容性测试

兼容性测试可以指环境兼容，也可以指业务兼容，比如客户端软件运行的操作系统的兼容性，Web 系统对不同浏览器的兼容，新迭代功能对原有数据和逻辑的兼容，API 对历史版本接口的兼容等，兼容性测试对产品易用性提升同样有很大的帮助。

7.1.2 性能测试

性能测试可包括稳定性测试、负载测试、压力测试、容量测试等，一般大家提到性能测试，往往会认为是压力测试或负载测试。

1. 稳定性测试

稳定性测试也叫可靠性测试，是指连续运行被测系统，正常进行功能使用，以检测系统运行时的稳定程度。一般一些基于 Windows 操作系统的客户端产品或一些单机硬件产品会进行稳定性测试，连续运行一段时间如一天、一周、一月等，监测被测产品的可靠性。

2. 负载测试

负载测试，是指让系统在其能够承载的压力范围内连续运行，来检查被测系统的稳定性。这就像一个人能够搬运 20kg 的重物，但需要观察他能够搬运这个重物持续多长时间，以及各项生理指标是否正常。

3. 压力测试

压力测试是指持续不断的给被测系统增加压力，直至被测系统无法正常运行（系统宕机，或无法提供正常访问服务），主要用来测试系统能够承载的最大压力。这就像举重运动员，在比赛中每一轮尝试举起的重量都会逐步增加，直至达到其极限。通过这种方式，我们可以观察到运动员能够举起的最大重量。

4. 容量测试

容量测试能帮助确定系统的最大承受量，譬如系统最大用户数，最大存储量，最多处理的数据流量等。

7.1.3 自动化测试

自动化测试是一种将人为驱动的测试行为转化为机器执行的过程。在经过测试用例的设计和评审之后，测试人员会根据测试用例中描述的步骤执行测试，并获得实际结果与预期结果的比较。为了节省人力资源、时间和硬件资源，提高测试效率，我们引入了自动化测试的概念。通过自动化测试，我们可以将测试过程中的重复性和烦琐任务交给机器来完成，从而减轻测试人员的工作负担，提高测试的准确性和可靠性。

自动化测试与软件开发过程在本质上具有相似性。在自动化测试过程中，首先对测试需求进行深入分析，并据此设计出详细的自动化测试用例。随后，我们根据这些测试用例搭建起一套完整的自动化测试框架。接下来，我们需要设计和编写自动化测试脚本，确保其准确性和可靠性。最后，通过验证测试脚本的正确性，完成整个测试脚本的开发工作。

自动化测试，常见的分类包括接口自动化测试、Web 自动化测试和移动端自动化测试。

1. 接口自动化测试

接口自动化测试是当前自动化测试中的基础工作，在软件系统中，前后端通常采用分离架构，前后端之间的通讯依赖于接口。测试接口的主要目的是验证后台提供服务的正确性。接口测试自动化是实现完整自动化测试的基础，对于希望学习自动化测试的初学者，建议从接口测试开始学习。

2. Web 自动化测试

Web 自动化测试是自动化测试领域的重要工作。对于涉及页面类的项目，Web 自动化测试几乎都是可行的。其主要通过模拟人的操作，对系统的各项功能进行验证，以检查预期结果是否正常。这种测试方式能够显著提高测试效率，尤其适用于那些需要进行重复操作的测试场景。

3. 移动端自动化测试

移动端自动化测试主要是针对移动端系统的验证过程。测试人员需要借助工具或代码命令来模拟人工操作，在功能、性能、兼容性和易用性等方面进行测试，以确保整个软件系统的稳定性和可靠性。在移动端的测试中，除了基础的功能测试，还需要进行非功能方面的测试，以满足不同场景和用户需求。

7.2 功能测试的主要工作

在进行产品评审后，测试人员就需要制订测试计划，编写测试用例，进行测试用例评审，研发提测后进行测试用例的执行，测试完成进行汇总总结，形成测试报告。从工作安排上，也是为了更好适应敏捷开发的工作模式，这些测试工作过程都是和其他环节工作同时进行的，大家在同一个时间段，各自完成不同的工作。在研发提测后，进入到测试用例执行阶段，这个过程是提 Bug 的主要阶段，产品、UI、研发、测试各环节会频繁互动，直至系统上线。

7.2.1 测试计划制订

在需求评审完成之后，测试人员根据需求内容制订测试计划。该计划需要明确各测试阶段的任务、所需资源和预期时间。测试计划完成后，测试人员需要将该表提交给团队负责人，以便将其整合到整体的工作进度表中。

7.2.2 测试用例编写

测试用例的设计和编写，是整个测试的核心工作，其重要性好比整个产品的需求管理和产品设计工作。测试用例设计的质量，直接影响整个测试工作的质量。

测试用例的编写模板，并不复杂，主要包括模块、功能、场景、执行步骤、预期结果、测试结果、备注等字段，关键在于测试场景的设定。

测试用例模板如图 7-1 所示。

为了编写出优质的测试用例，首先要准确理解产品需求，充分了解用户的使用场景。此外，掌握测试的理论知识和方法论也是不可或缺的，例如观察法、等价类、边界值、判定表、因果图、流程图、场景法、错误推测法等。在设计用例的过程中，我们还需要运用多元化的思维方式，如用户思维、逆向思维、对比思维和组合思维等。这些思维方式有助于测试人员更全面地审视产品，设计出更完善的测试用例，进而帮助团队改善整体产品的质量。正如本章开头所引用的卡尼尔的观点："软件测试是一种思维方式，而不仅仅是一项任务。"

模块	功能	场景	小场景	步骤	预期输出	测试结果	备注
发票查询	增加查询条件及列表对应展示列	查看新增查询条件		筛选条件增加特殊票种标识	展示正确，默认展示全部		
		展开筛选内容		点击特殊票种标识	展开列表：展示全部、收购发票、成品油发票、非特殊票种		
		查看列表展示		列表新增特殊票种标识列	展示正确		
		选择内容	收购发票	选择收购发票，点击查询	列表展示筛选出的收购发票		
			成品油发票	选择成品油发票，点击查询	列表展示筛选出的成品油发票		
			无	选择无，点击查询	列表展示普通票种数据，过滤掉特殊票种数据		
			全部	选择全部，点击查询	展示全部发票		
				选择特殊票种（收购发票）内容，不点击查询	列表不展示过滤条件的数据；导出数据是筛选条件？？？还是列表数据？？？		
		查看成品油发票		双击查看成品油发票	发票页面展示成品油字段		
纸质发票管理	增加查询条件及列表对应展示列	查看新增查询条件		筛选条件增加特殊票种标识	展示正确，默认展示全部		
		展开筛选内容		点击特殊票种标识	展开列表：展示全部、收购发票、成品油发票、非特殊票种		

图 7-1　测试用例模板

测试用例不仅仅是功能测试用例，还包括非功能测试用例，比如：

- 兼容性：能够兼容不同的软硬件平台。
- 可靠性：不易出问题，万一出问题容易恢复。
- 安全性：对于用户的安全保障（如信息安全、资金安全等）。
- 可移植性：能否在不同环境条件下无故障运行。
- 可维护性：对于后期的修复维护是否方便快捷。
- 这些测试用例基本都围绕产品需求和质量要求进行设计。

7.2.3　测试用例评审

在完成测试用例编写后，测试人员通常会组织一次评审会议，邀请产品经理、UI设计师、研发人员参与，有时还需要根据具体情况邀请需求提出人（如果是内部管理系统，则可以考虑邀请运营人员）一同参与。

同产品评审一样，测试用例评审也需要我们提前安排好时间，预订合适的会议室，做好会议准备工作。在评审过程中，测试人员需引导产品团队和研发团队集中注意力，对每个测试用例进行理解和评估。值得注意的是，部分测试用例所呈现的场景可能会对产品或研发工作产生直接的影响，甚至需要调整产品设计或技术方案。另外与会人员也可以对一些不恰当的用例进行提醒，对缺失的场景进行补充。测试人员针对需要调整的内容，做好记录。

评审结束后，测试人员需要根据评审结果对测试用例进行必要的补充和修正，并将更新后的内容同步给整个团队。

在完成这些工作后，我们等待研发人员提交测试，为下一阶段的工作做好准备。

7.2.4　测试用例执行

经过研发团队的前后端联调和自测，系统已经完成调试并准备进行测试。测试团队首次接收测试版本时,将进行冒烟测试。如发现严重 Bug 导致流程中断等问题,测试人员需要及时将问题反馈给研发团队。待问题解决后,研发人员重新提测,测试人员再进行验证测试。

冒烟测试通过后进入测试用例执行阶段。

在 SaaS 产品的迭代过程中,为了确保系统的整体稳定性,我们通常会避免进行大规模的功能调整,大多数功能将保持不变,但为了确保新上线的系统不会对用户正常使用造成影响,我们需要对所有功能进行测试验证。这一过程往往会耗费测试人员大量的时间和精力。因此针对成熟的功能模块,考虑引入自动化测试来提升测试执行的效率。对于复杂功能和新上线的功能,测试人员需要投入更多的精力和时间进行细致的测试。在实践中需要根据不同的情况选择合适的测试方案。

测试用例执行过程中,系统出现不符合预期的结果,则需要提问题给团队,如果是系统 Bug,提交给研发团队进行修改,Bug 修改完成后,重新提测,测试人员进行回归验证,直至测试通过;如果是设计问题,提交给产品人员或设计人员进行调整(这类问题一般在评审过程中就会发现并解决,但仍可能有少量问题出现在测试阶段),确定调整方案后各环节根据方案执行。

测试用例执行流程如图 7-2 所示。

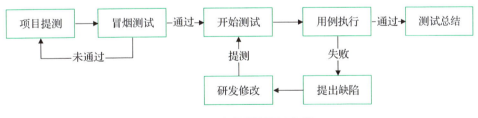

图 7-2　测试用例执行流程

7.2.5　测试报告总结

测试周期结束后,团队需要对本次测试的全程进行总结。这包括对各模块各级别的 Bug 数量、测试用时、Bug 复测次数以及潜在问题或风险的汇总。这一过程不仅是对本阶段测试工作的成果进行评价，还可以通过测试报告分析研发和测试的工作产出效果。例如，我们可以综合评估模块复杂度、Bug 数量等关键指标，对研发工程师的代码质量进行评估。

7.3 性能测试的主要工作

性能测试是对软件在系统中的运行性能进行评估的过程。这一测试可以应用于多个测试阶段。比如在单元测试阶段，可以通过白盒测试对单个模块的性能进行评估。如要了解系统的整体性能，则需要在所有模块集成完成后进行性能测试。

在进行性能测试时，可能会涉及多种类型的测试，如压力测试、并发测试、负载测试和容量测试等。这些测试经常是相互关联的，例如在进行压力测试时，需要基于一定的容量，如用户基数和主数据基数等。在进行负载测试时，也需要基于一定的并发压力进行测试，评估负载时长和成功率。

在进行性能测试之前，需要先确定好测试场景，然后编写相应的脚本或使用合适的工具，准备测试环境。在执行压力测试的过程中，需要监控各服务端的数据，最后对测试情况进行总结，以得出系统性能的综合评估结果。

性能测试流程如图 7-3 所示。

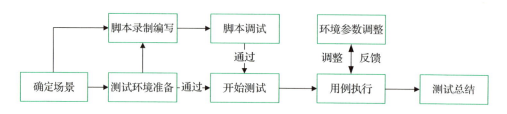

图 7-3 性能测试流程

7.3.1　测试场景分析

相较于功能测试，性能测试在环境准备、技能要求和成本方面具有更高的要求，因此许多公司仅在关键场景中实施性能测试。为了确定哪些场景需要进行性能测试，我们进行了一些总结，供您参考：

- 高频操作：识别日常使用频繁的场景。
- 资源密集型操作：重点关注统计等资源消耗较大的场景。
- 重要流程性操作：关注关联较多的流程性操作场景。

这些角度有助于快速识别测试场景，但可能存在主观性，例如无法准确判断特定时间段内用户对各功能的访问情况。当平台拥有一定用户基础时，我们可以通过数据分析进一步明确性能测试的需求。比如利用页面监控工具和日志数据统计，我们可以获取各时段和功能的访问量，进而确定访问量较大的功能场景。

此外，了解用户的使用环境和信息（如操作系统、浏览器及版本、用户地区等）有助于我们在模拟测试场景时实现更准确的设计。在进行性能测试时，对不同场景进行测试能够更真实地模拟用户操作，从而提高测试结果的可参考性。

7.3.2　测试脚本编写

测试脚本的编写过程包含三个主要步骤：一是利用抓包工具进行脚本录制；二是对录制的脚本进行必要的修改；三是在压力测试工具中对修改后的脚本进行调试，确保其效果符合预期。

针对接口测试，需要接口文档，根据接口文档编写相应的测试脚本。

目前，传统的性能测试工具如 JMeter 和 LoadRunner 已经相当成熟。此外，还有一些适用于敏捷开发的性能测试工具，如 Gatling 和 Locust 等，支持代码化的测试脚本编写，更能适应敏捷开发的需求。

SaaS产品的性能测试，是一个持续的过程。随着用户基础的不断扩大、新功能的发布、关键业务逻辑或流程的调整、系统架构的变动以及部署架构的调整等，都可能需要对整体架构的性能进行重新评估测试。这意味着性能测试工作需要持续进行，在不同阶段根据需求开展性能测试。这要求团队妥善管理性能测试脚本，以便后续复用。

7.3.3 测试环境准备

测试环境的准备和搭建，是一项成本较高的工作，主要包括以下四个方面：

1. 服务环境搭建

在SaaS平台的实际生产环境中，服务器数量通常较多。若完全复制一套与生产平台相同的服务器环境，其成本相对较高。因此，通常会根据整个服务器集群架构，模拟搭建一套"缩小版"的测试环境。通过测试这一小规模的集群环境，我们可获取相应的测试结果，再借助数学建模方法，我们能够预测生产环境的性能或者对生产环境的基础设施规划提供预期性能的参考。由于每个集群系统拥有各自独特的架构、配置和服务，其对应的计算模型也是各不相同的。

2. 数据的准备

在软件测试中测试数据的准备一直是痛点问题。特别是在性能测试中，测试数据的真实性和有效性对于获得准确的测试结果至关重要。为了满足不同测试需求，测试数据的类型可以分为以下四种：单一型、随机型、模板型和真实型。这四种类型各有特点，适用于不同的测试场景。

1）单一型。通过录制或者观察，使用一个或者一类单一的测试数据来进行性能测试。这种测试数据构建简单，但是数据过于单一，无法真实模拟用户行为。尽管如此，由于其构建过程相对简单，这种测试数据仍可用于敏捷开发过程中的早期性能测试阶段。

2）随机型。通过一些简单的数据规则，结合随机算法生成测试数据。这些数据比单一型数据增加了随机性，但仍然缺乏真实性。此外，这种方法的构建成本和性能问题分析成本相对较高，它在大规模、多样化综合性能测试中具有应用价值。

3）模板型。通过数据分析并生成模板来构建测试数据。虽然它较随机型数据在一定程度上增加了用户真实性，但是准备数据的成本很高。因此，在项目成本和资源允许的范围内，建议结合模板型和随机型方法，以更高效地进行性能测试。

4）真实型。通常直接导出产品真实数据作为测试用数据。它完全是真实的用户数据，构建成本较低。然而，这种做法也存在数据泄露等数据安全性的问题。为了解决这一问题，可以对真实数据进行脱敏处理，确保数据安全性得到有效保护。在数据安全性得到保障的前提下，使用真实型数据来进行性能测试能够达到最优的测试效果。

在大型项目的性能测试中，测试数据的生成和管理至关重要，如何高效地生成有效的测试数据成为重要任务。我们要根据不同测试阶段的需求以及这四类测试数据的特点，选择合适的方式准备测试数据。

3. 依赖环境的搭建

对于集群系统的服务或者节点，有些服务需要第三方服务，此时需要对当前系统服务所依赖的服务环境做隔离，对于依赖的第三方服务可通过一些模拟接口完成调用或调整调用逻辑，避免对当前需要测试的服务产生影响。各团队对各自服务需要进行独立的性能测试，尽早发现性能问题并进行解决，避免在生产集成环境中发现，以减少用户端发生问题，降低整体的调试和问题解决成本。

4. 客户端测试准备

在一些情况下，我们进行服务端性能的模拟测试，用以评估服务端的性能表现。而另一些场景中，我们需要构建完整的测试环境，包括客户端、网络和服务端等各个部分。此时，对于测试客户端的选择以及测试前的准备工作提出了更高的要求。在跨地区、跨网络的完整模拟测试场景中，我们需要提前协调好测试场地、测试客户端和网络环境等资源，以确保测试的顺利进行。

7.3.4 性能测试执行

在执行压力测试时，我们需选择合适的测试客户端，并调整好服务端环境参数。在此过程中，监控各服务器的网络吞吐量、CPU 使用率、内存占用情况以及磁盘 I/O 使用情况，确保各项性能指标得到全面记录。同时需要记录对应的压力测试的最大并发数、平均响应时长、失败率；负载测试的样本数、持续时间、平均响应时长、成功率/失败率；容量测试需要记录用户基数、各场景并发压力、数据库容量等。

性能测试通常从小规模样本或并发数起步，逐步增加至系统响应出现异常的数值，并准确记录相关的数据和参数。在测试过程中，我们通过调整集群系统的参数，在不同配置下对系统进行性能测试，从而找出最优参数值。此外，性能测试还能协助开发人员完成集群功能的开发与验证工作，辅助运维团队配置和调试集群环境等。

7.3.5 测试报告总结

在完成性能测试后，我们需要对测试过程中涉及的环境配置、各类客户端数据、服务端数据、服务响应情况以及服务器资源使用情况进行梳理和总结。为确保评估的准确性，需要清晰地描述这些客观环境因素，以便需求方能够准确评估该测试环境的性能表现，并推算至实际生产环境。

性能测试报告应遵循标准的结构，包括测试目标、业务术语定义、环境配置、使用的工具、测试方案、业务场景设计，以及测试后的服务响应结果和服务器资源使用情况。最后，基于这些数据，我们得出压力测试的结论，即在特定环境下所能达到的最大性能和最佳性能。

7.4 自动化测试的主要工作

自动化测试的工作重点，不是为了寻找新 Bug，而是为了验证原有系统是不是能正常工作，其工作重心是为了验证系统稳定性。自动化测试适宜于敏捷开发，SaaS 产品的建设同样基于敏捷开发模型，这样一来自动化测试在 SaaS 产品的测试工作中自然占有重要地位。

在流程上自动化测试与功能测试具有一定的共性——它们都需要制定测试计划、设计测试用例、进行测试用例评审、搭建测试环境、执行测试用例以及撰写测试总结等。但自动化测试与功能测试在某些环节上存在显著差异，这也是我们接下来需要重点探讨的内容。

7.4.1 选择合适的场景

1. 需求变动不频繁

在自动化测试中，测试脚本的稳定性对维护成本具有重要影响。若软件需求频繁变更，测试人员需要相应更新测试用例及测试脚本，而脚本维护涉及代码开发工作，包括修改与调试，甚至可能涉及自动化测试框架的调整。若维护成本超过手工测试，将削弱自动化测试的意义，需重新评估其必要性。对于产品中的不同模块，若某些模块相对稳定，可采用自动化测试；若模块需求变动较大，则适用手工测试。对于 SaaS 产品，达到一定阶段后，大部分功能可采用自动化测试进行验证，仅对少量需迭代优化的功能模块进行手工测试。

2. 产品周期较长

在确定自动化测试需求、设计自动化测试框架、编写调试测试脚本的过程中，需要耗费较长的时间。若周期较短，则无法为这一过程提供足够的时间支持，导致自动化测试不可行且没必要进行。鉴于 SaaS 产品具有较长的生命周期，因此适合进行自动化测试。

3. 自动化测试脚本可重复使用

在考虑自动化测试脚本的重复性时，需分析三个关键因素：一是要评估待测试项目之间的差异性，例如不同操作系统下的产品版本是否具有一致性；二是需要验证所选择的测试工具是否能够适应这些差异性；三是测试人员是否有能力开发适应这种差异的自动化测试框架。对这些脚本的可复用性需要进行评估，但并非无法复用的脚本就不适用于自动化测试。关键在于投入产出比，并仔细评估不同场景下的适用程度。因此，在实施自动化测试时，选择合适的测试场景至关重要。如果场景选择不当，后续工作很可能会事倍功半，导致费力而无法达到预期效果。

7.4.2 测试用例设计

在自动化测试过程中，用例设计是至关重要的环节，它直接决定了测试的成败。因此，我们必须重视这一环节，并在工作过程中避免一些常见的误区。首先，避免不编写测试用例而直接编写测试脚本。其次，也不能直接将手工测试用例用于自动化测试脚本的编写。这样做忽略了自动化测试的特点和要求。为了方便后续的自动化测试，我们必须重视自动化测试用例的设计，并遵循科学的方法和流程来进行用例设计。

自动化的测试用例设计，要注意以下几个方面：

- 测试用例是一个完整的场景。从用户登录系统到用户退出。
- 测试用例只验证一个功能点。不要试图用户登录后验证所有的功能点再退出。
- 测试用例尽量只做正向的逻辑验证，正向是指脚本可实现的非主观操作。逆向逻辑的情况很多，验证比较复杂，需要编写大量的脚本，投入成本比较高。
- 测试用例之间不要产生关联，每个测试用例是独立的，不能依赖或影响其他测试用例，要做到高内聚低耦合。
- 测试用例需要更多的关注功能逻辑的实现，而不是纠结于某些字段的校验条件。
- 测试用例的上下文具备一定的顺序性，以便于用例之间能够相互关联。同时，前置条件的描述必须清晰明确，以便为测试执行提供准确的前提。
- 在测试用例的设计中，检测点的设置至关重要。根据测试用例的侧重点，应合理安排检测点，确保覆盖所有关键环节。同时，检测点的设置要全面，避免遗漏任何可能影响产品质量的问题。此外，检测点的设置要灵活，能够适应不同的测试环境和条件，以便更好地发现潜在问题。
- 测试用例要对修改的数据进行还原操作。
- 测试用例必须是可回归的。

7.4.3 测试脚本编写

在编写自动化测试脚本时，我需要根据测试用例的复杂度选用合适的开发策略。一般先通过录制功能获取测试所需的页面元素，随后利用过程性的编程语句来控制脚本的执行流程，并在其中设置检测点和异常处理逻辑。对于共用的功能模块，建议将其封装为独立的共享脚本，并采用参数化方法处理数据，以增强脚本的复用性。此外根据实际需求，我们还可以运用更高级的脚本编辑功能。

完成脚本编写后，我们需要反复执行并调试，直至脚本运行稳定。脚本的编写和命名规范要符合团队的管理标准，以便于统一管理和维护。

目前市面上存在多种自动化测试脚本录制工具，它们既有免费的开源产品，也有付费的专业版本，同时涵盖 PC 端和移动端的应用。在选择工具时，我们应优先考虑开源产品，以便于后续的二次开发和集成工作。

7.4.4 测试脚本执行

在完成测试脚本编写后，根据工作流程要求启动测试脚本的执行。执行完毕后，我们需要对自动化测试结果进行分析，尽早发现潜在的缺陷。

如果选择使用开源的自动化测试工具，建议进行二次开发工作，使其能够与测试部门所选择的缺陷管理工具进行无缝对接。理想情况下，当自动化测试用例运行失败时，自动化测试平台应自动报告该缺陷。

为确保准确性，测试人员需要定期抽出时间，对自动报告的缺陷进行确认。如果这些缺陷确实是系统缺陷，则将其提交给开发人员进行修复。若经确认并非系统缺陷，我们就需要检查自动化测试脚本或测试环境，定位问题所在，并对其进行相应的调整和修正。

7.5 SaaS 产品对测试工作的要求

1. 场景覆盖要求高

SaaS 产品的测试场景覆盖比较多，主要体现在如下几个方面。

1）由于功能场景众多，导致流程分支很多，从而对测试工作提出了更高的要求。SaaS 产品为了适应不同客户群体的需求，一般会有设置管理功能，当其中的某个字段设置为不同的参数时，会出现不同的业务流程，甚至业务流程的差异非常大。所以为了确保后续迭代测试工作的全面性，需要对不同的流程进行全面覆盖。

2）多租户的特点。针对不同用户的使用习惯和用法差异，SaaS 产品需要具备较强的自定义配置功能。然而，这种配置可能会导致测试难度加大，因为用户可能会创建一套独特的流程和规则。由于无法穷举所有可能的场景，所以我们需要对每个自定义配置的字段变更进行细致的分析，并交叉组合关键规则和字段，合理设置相应的测试场景并进行验证。

3）有些数据隔离方式不同，可能会导致相同功能在不同数据集下出现不同的操作逻辑。为了确保功能的正确性和稳定性，我们需要设计针对性的测试方案来处理这种情况。

场景覆盖要求高，一方面要求测试团队做好测试用例的设计编写，用例执行时覆盖尽可能全面；另一方面针对一些不经常变化的功能，需要做好自动测试规划工作，提升测试效率。

2. 兼容性要求高

兼容性在多个层面有所体现，例如在操作平台层面，需要确保不同平台之间的兼容性；在业务逻辑和数据方面，也需要实现与历史版本的兼容；同时接口层面也需要考虑对历史版本的兼容。

（1）操作平台兼容

用户在使用习惯上存在差异，因此他们可能会选择不同的操作系统、浏览器及版本。为了提供更好的用户体验，我们需要确保产品的兼容性。然而，全面支持所有平台和版本可能会带来高昂的代价。因此，我们需要有针对性地进行支持。

在 Web 端，产品团队通过日志统计了用户使用的浏览器。如对于使用量排名前五的浏览器，我们要求产品必须全部兼容。对于排名较后的浏览器或版本，我们仅进行基本功能验证，并对 UI 体验的要求有所降低。

对于其他平台的兼容性问题，如 PC 操作系统、手机端操作系统以及当前流行的小程序等，我们应根据产品的特点，有选择性地兼容用户使用较多的平台并进行相应的测试。测试人员需要做好相应的兼容性测试。

（2）业务兼容性测试

在之前的讨论中，我们谈到了兼容性的问题。无论是业务层面还是接口层面，对原有逻辑的兼容都是必要的。如果决定从战略角度放弃某些内容，那么需要与客户进行充分的沟通。否则，兼容性仍是必须实现的关键目标。一旦影响到客户的业务连续性，很可能会引发大量的不满、投诉，甚至导致客户流失或法律纠纷。

对于测试人员来说，深入了解并熟悉原有的业务逻辑是非常重要的。需要验证产品的新业务逻辑是否妥善考虑了对原有逻辑的兼容性。由于 SaaS 产品的用户基数大且分布广泛，在设计测试用例时，测试人员需要特别关注兼容性场景，忽略对原有业务的兼容可能会产生大面积的负面效果。

（3）接口兼容

我们曾提及在产品研发阶段，就需要做好接口版本兼容。在测试过程中，需要对接口服务执行原有的测试用例，以验证其兼容性是否达到要求。接口的兼容性测试相对容易，可以使用一些自动化测试脚本完成测试。

3. 性能要求高

在 SaaS 产品的商业模式中，扩大用户规模是其重要目标。随着用户数量的增加，对系统性能的要求也随之提高。在 SaaS 产品的早期阶段，由于资源有限，性能测试往往难以充分进行。当用户量迅速增长时，系统负载能力不足的问题就变得突出。这可能导致用户操作失败，甚至出现服务宕机的情况，对用户体验造成严重影响。因此，在 SaaS 产品的早期阶段，必须充分认识到性能测试的重要性，以确保系统能够满足用户规模增长的需求。

鉴于 SaaS 产品的特性，我们对其测试工作提出了与传统软件不同的要求。为了确保测试质量，我们需要采用更适用于 SaaS 产品的测试方法，并做好相关的测试管理工作。

7.6 本章小结

本章介绍了测试的分类，并对 SaaS 环境下的功能测试、性能测试，以及自动化测试进行了全面的探讨。针对 SaaS 产品的测试流程，我们总结出了五个关键阶段：制定测试计划、编写测试用例、用例评审、执行测试以及生成报告。对于 SaaS 产品的性能测试，我们进行了测试场景分析、脚本编写、测试环境准备、测试执行以及报告总结等各个环节的介绍。此外，我们也对自动化测试的适用场景和特性进行了讨论，包括自动化测试用例的设计要点、脚本编写与执行，以及自动化测试结果的审查。最后，我们总结了 SaaS 产品对测试工作的一些特殊要求，如对场景覆盖度、兼容性及性能要求更高，需要我们做好功能覆盖测试、自动化测试、性能测试等工作。

第 8 章

产品上线

> 不要过度承诺,但要超值交付。
>
> ——迈克尔·戴尔

经过持续的努力,团队终于迎来了一个至关重要的阶段——产品上线。在这个过程中,我们的心情既紧张又疲惫,但同时也充满了成就感。产品上线意味着我们本期迭代工作已基本完成,并进入了收获成果的时刻。与此同时,这也是运营团队及客户对产品上线功能进行检验的时刻。

产品上线阶段已经是产研交付和客户验收的交接时刻,要解决交付质量问题,更多的工作在产品设计、开发、测试阶段就需要高标准完成。

产品上线也是系统从测试环境迁移到生产环境的关键过程。这个过程对于客户的使用体验具有重大影响,因此我们需要制定周密的策略控制措施,确保系统平稳上线。

8.1 产品上线流程

在完成测试后,产品及业务团队需要对上线功能进行验收,以确保交付成果满足用户需求。通过验收后，技术负责人应提交发布申请。运维团队负责将待发布程序部署至预生产环境，并在该环境下进行产品功能验证。若验证通过，则可正式发布至线上环境，并再次进行验证直至通过，最终完成上线。上线流程可参考图 8-1。

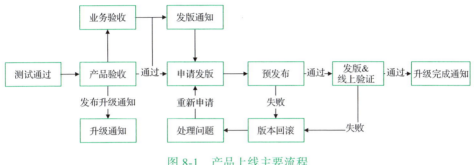

图 8-1　产品上线主要流程

8.2　产品验收

测试人员在测试工作完成后，编写测试报告并反馈测试情况，此时进入产品验收阶段，一般产品人员需要进行产品验收。为了缩短迭代周期，尽快上线，产品人员也可以在测试工作即将完成之前，提前参与验收，以实现并行工作。

同时，如果团队的工作流程要求业务方参与验收，那么我们需要邀请业务方参与产品验收。

8.2.1　产品经理验收

在产品验收阶段，我们需要细致地对比新开发功能清单和产品评审功能清单之间的差异。在某些情况下，评审时确定的功能可能无法如期上线，这可能是因工作量过大而导致该功能在迭代周期内无法完成，也可能是在开发过程中遗漏了某些功能。针对这些可能出现的问题，产品团队应做好最终的验收对比工作，以确保产品的质量和用户体验。

产品验收的是从迭代的功能清单出发，采用正向流程来验证产品功能是否符合产品设计和用户需求。与测试工作不同，产品验收更注重从宏观角度全面把控产品迭代的内容和质量。在验收过程中，产品人员应关注那些前期产品未明确提示，研发人员自定义或交互操作不便捷的功能，对于验收过程中发现的简单的问题可立即处理，对于复杂问题则可安排在后续迭代版本中进行优化。

8.2.2 业务验收

业务验收与产品验收在流程上存在一定的相似性，但业务验收更侧重于用户或代表用户进行验收，尤其关注功能实现程度与用户体验。针对SaaS产品，通常由运营团队完成业务验收流程。

在业务参与验收之前，产品团队需要提前通知业务或运营部门，以便相关同事能够预先协调并安排工作。为确保测试顺利进行，测试前需要提供详细的测试环境访问信息、功能清单，并预先准备相应的测试数据，以便业务人员能够顺利参与测试验收工作。

在实际工作中，我们曾进行过一段时间的业务验收，但后来逐步取消了这一环节。业务验收的初衷是解决产品上线的版本与用户侧需求存在差异的问题。通过加强产品分析与设计以及产品评审环节，我们解决了大多数与用户需求偏差的问题，因此业务验收的必要性逐渐降低。此外，整个流程越长，上线周期也会相应地越长，这也是我们考虑取消业务验收的一个原因。业务验收的必要性需要根据团队运作流程的实际情况来评估，其目的是解决团队存在的问题，而非简单的形式主义。

在产品或业务验收工作顺利完成后,我们将及时与各参与方沟通。随后,研发部门负责人将按照规定流程申请发布版本。在此过程中,版本发布分为预发布和正式发布两个阶段。对于具有周期性使用特点的产品,如仅在工作时间内使用的场景,可以选择在非工作时间进行版本发布。而对于需要提供 24 小时服务的产品,应尽量避开使用高峰时段,并首先发布至预生产环境进行验证,确保无问题后再全面上线。

8.3 产品发布

8.3.1 准备发版通知

在正式发布前,我们会根据业务需要,通过多种方式提前发布系统升级公告,以方便客户的工作安排。通常我们会通过公司网站发布通知公告,同时将通知发布到各个运营群、售后群和代理商群等。对于需要停机发布的版本,需要提前 1~2 天通知业务团队发布计划,以便提前通知用户哪些时间段内无法访问产品。即使不需要停机,我们也会确认上线过程中用户是否有感知,例如短暂的操作限制、无法提交或需要刷新页面等影响。在确认影响后,我们会根据实际情况通知相关的业务部门,如运营、客服等,以确保他们有足够的时间做出应对措施。

8.3.2 升级准备工作

为确保升级过程的顺利进行,我们需要准备一份检查清单。这份清单不仅包含产品功能清单,还应包括整个升级流程中所需的内容,例如数据库初始化脚本、部署包、生产环境配置调整项以及责任人等。制定此清单是为了所有工作得到妥善执行,避免遗漏。

预发布阶段已完成了大部分准备工作。产品的正式发版是对预发布工作的复核。若未进行预发布，团队成员需要更加认真地对待升级准备工作。一旦准备不足，导致线上出现严重问题，将严重影响用户体验。这种情况应尽可能避免。

8.3.3 系统预发布

产品预发布旨在通过小范围升级的方式，对产品迭代内容在生产环境中的适配性和准确性进行验证，同时排查可能存在的导致生产环境出现问题的升级内容，以确保正式产品发布的顺利进行。

在上线前进行预发布有几种方案。第一种是在生产集群环境中，先行对部分节点进行升级并验收。第二种是设立预发布环境，专门用于验证，每次预上线时，将新版本发布至该环境。第三种是采用灰度发布策略，该策略能调控用户流量，评估新版本的运行效果。确认无误后，可将全部流量切换至新版本。第四种为定向升级，能够指定用户范围，实现更精细的控制。前两种方式未针对特定用户，操作类似，主要验证功能的可用性，实施难度较低。第三种方式对发布环境的要求相对较高，需要做好版本区分，但可以做到控制流量的分发。第四种方式需要在系统层面进行一定的开发工作，并需要在业务层面控制用户的访问入口。

预发布需要做好数据处理、应用发布、功能验证几个过程。

1. 数据处理

在产品迭代过程中，我们有时需要处理历史数据或变更数据库结构等操作。为确保这些操作的顺利进行，我们需要提前准备相应的处理脚本。在某些情况下，可能需要在生产环境停机发布，这时预上线可能会对线上服务造成一定影响，因此需要发布停服公告以通知相关用户。

在处理数据库时，我们要保持谨慎，充分考虑历史数据的兼容性问题，避免因数据处理不当导致业务异常。为确保数据安全，所有涉及非查询类的数据库操作都应提前进行数据备份，以防数据操作异常导致无法恢复的情况发生。

2. 应用发布

在面临版本升级内容较多且涉及数据库处理的情况下，我们建议在用户停用或业务量较小的时段进行预发布和正式发布。例如，晚上或凌晨时段。在我所参与的公司产品线的大版本迭代中，几乎都选择了晚上 11 点以后的时段进行升级操作。

在发布过程中，若采用预生产环境或试点发布方式，需要提前配置相应的路由规则，以避免用户的请求被错误地分发至预生产发布的节点。如需要进行用户侧验证，应在预发布完成后，将部分流量分发至预发布的节点。

对于生产环境的每一步操作，我们都应确保具备回滚或回退的能力，以防止新版本发布后出现问题而无法回退至原版本的情况。

3. 功能验证

根据预先制定的检查清单，测试人员将对已发布的产品功能进行验证，以确保其正常运行。在发布完成后，测试人员将进行线上回归测试，产品人员也将同步进行验证工作，以确保线上环境无重大问题。如有少量问题，可在解决后再次进行正式上线。

8.3.4 产品全面发布

在产品预发布阶段，我们的目标是最大限度地找出潜在问题，从而降低产品正式发布后可能出现的重大风险。经过预发布验证无误后，我们将正式启动产品的全面发布。

通常情况下，预发布与正式发布的时间安排在两个相近的时间段，预发布验证通过后，我们将立即进行正式发布。有时为了充分验证用户的使用体验，我们也可以适当延长两个阶段之间的时间间隔，确保产品的各项功能和性能达到预期标准后再进行全面发布。在这个过程中，我们需要控制好流量分发。

关于灰度发布，这种策略允许我们先对新功能进行线上验证。验证无误后，我们将逐步放开流量，让部分用户先行体验升级后的效果。如果系统表现良好，我们将切换至全流量模式，让所有用户开始使用新版本。

8.3.5 线上验证

在预发布和正式发布阶段，我们必须对生产环境的功能进行严格验证。若存在专用的生产环境测试账号，将有助于验证工作的进行。在某些情况下，我们必须使用真实用户的账号来进行验证，这就要求我们在验证过程中保持严谨，并在验证结束后恢复数据或按照业务要求做好数据处理工作。

在产品发布环节完成后，产品团队还需要对需求跟进表进行相应的处理，将相关需求状态从"研发中"调整为"已上线"。同时，各类文档也必须进行系统的归档管理。

8.4 上线通知

经过团队的不懈努力，新功能已成功上线。产品人员可以在原发版通知邮件的基础上，反馈功能已发布。产品发布不仅仅是产品研发团队的工作，有些功能更新也需要业务部门知晓，并同合作方或用户沟通信息，如果新功能上线对原有线上功能的使用造成影响，也需要在通知中做说明。

对于代理商伙伴，也应通知发布内容。具体通知流程需要根据公司的沟通规范进行，通常由业务运营或客服部门负责通知。

关于升级内容，我们应在产品的版本更新日志中详细记录。用户可通过版本更新记录查看升级详情。同时，对于需要线下告知的用户，我们也应进行相应通知，确保每位用户都能及时了解。

产品上线后，意味着上一轮产品迭代已告一段落，这也是产品真正投入使用的开始。作为产品经理，产品发布是新的起点，应继续关注用户反馈，妥善处理问题，确保产品的稳定运行。

8.5 产品培训

各团队对产品功能的关注角度各异，因此，产品培训是有必要的。为了确保产品更新内容能够同步到各个业务环节，我们需要进行充分的沟通交流，确保信息的准确传递和业务的顺畅进行。

8.5.1 预约时间

关于培训时间，需要与业务部门进行商议。不同团队对于培训时间的期望存在差异，有的希望在产品上线前进行培训，有的则倾向于上线后进行。若选择上线前培训，需要提前确认上线内容，并确保相关功能的可用性。对于那些迭代周期短、工作安排紧张的产品来说，上线前培训可能并不合适，因为可能会出现最后一两天产品上线功能范围仍在调整的情况。大家可根据各自的产品线特性和业务部门的要求，妥善安排培训时间和培训对象。

8.5.2 培训资料准备

SaaS 产品具有持续迭代特性，为确保培训的高效性并避免过多占用团队的时间，我们一般采用增量培训的方式。在每次培训中，我们将专注于介绍新增的产品功能，有针对性的准备培训资料，以确保团队成员对新功能有充分的了解。对于新加入业务部门的成员，如果他们需要更全面的培训，我们就要调整培训策略，例如通过其他培训形式或安排单独的培训。在进行产品迭代培训时，我们要充分考虑整个团队已掌握的产品知识，以确保培训内容的连贯性和有效性。

8.5.3 培训组织

培训的组织工作通常由业务或运营部门负责，参与的对象主要包括运营团队、客户成功团队、客服团队等。在部分情况下，代理商或客户也会受邀参与。

为了确保培训活动的顺利进行，培训组织方需要提前确认场地（线上或线下）、时间、讲师、参与范围、培训主题（内容）以及预计时长等信息，以便参与人员提前做好安排。

8.5.4 产品培训

在产品正式培训环节，产品经理可以充分展现个人魅力。此时，对用户场景的理解程度、产品设计能力、表达能力以及分析问题的角度，都将发挥重要作用。若听众关注并参与讨论，可能会对某些功能设计提出疑问，此时可以一起探讨其他方案的可能性。面对用户提出的问题，产品经理需要耐心解答，确保准确传达产品使用场景和价值。此外，对于现场沟通中新发现的问题或需求，需要做好记录，为后续产品迭代提供依据。

8.6 本章小结

在本章中，我们首先介绍了 SaaS 产品的验收工作，此项工作主要由产品经理负责，但有些情况下，业务部门也需要参与验收。一旦验收合格，产品即可准备发布。在此过程中，我们需要及时通知各相关方，做好升级准备工作。一般我们需要先发布至预生产环境进行验证，确认无误后，再发布至生产环境。所有验证环节均通过后，我们将正式宣布产品发布完成，并通知各方上线相关功能。上线后我们需要与业务部门保持沟通，提供必要的培训支持，以确保团队成员对新产品功能有全面的理解。这不仅有助于产品的推广，更有助于我们更好地服务客户。

至此，我们对产品的整体建设流程已全部进行阐述。后续部分，我们将探讨 SaaS 产品的运营工作、数据分析应用以及人工智能与产品的结合等方面，希望为大家带来更多有益的启示和思考。

第 9 章

产品运营

> 一个市场的客户是有差异的，他们有不同的需要，寻求不同的利益。企业必须对市场进行细分，而不是仅停留在产品差异上。
>
> ——温德尔·史密斯

产品和运营之间的关系，通常被形象地比喻为产品负责"生孩子"，而运营负责"养孩子"。这两项工作相辅相成、互相支撑。

在多数情况下，产品运营与营销活动、用户增长等概念紧密相连，这是运营工作中常见的部分。然而，除了这些任务，产品运营还涉及一系列流程管理，包括解决代理商和客户的问题，确保流程的顺利进行。

本章将根据我们实践的情况来介绍产品运营工作。每家公司的运营策略都有其独特性，在实际操作中需要结合公司的内部和外部环境来设计、安排运营工作。

笔者对产品运营有一定的了解但并非专业运营人员，因此在本章中不会介绍专业的运营知识。如果读者需要深入了解运营和增长策略，建议阅读相关领域的专业书籍，以获取更权威、更系统的知识。

9.1 运营工作简介

运营是企业实现商业模式落地的核心环节，旨在确保企业及产品价值的最大化。作为运营岗位，应关注产品的持续发展，通过实施有效的策略和方法，促进产品与市场的对接。可以认为，运营工作在企业和产品运营过程中具有不可或缺的重要地位，是企业顺利、高效运作的关键因素之一。

9.1.1 运营工作的内容

提到运营，很多人的第一反应是拉新、促活、留存，这是互联网产品运营工作给我们的印象，SaaS 公司的运营工作要更为复杂多样。所处的行业不同、产品不同，运营工作内容及范围都会有差异。对于 SaaS 公司的运营来说，运营工作可以分别对接产品、销售、市场、代理商、客户等多个环节，由于对接环节不同，所以整个运营工作也被拆解为售前、运营、售后等岗位，本章介绍的运营岗位，主要是指日常流程处理的运营岗位。

在 SaaS 产品的运营中，主要包括对接获客渠道、活动分享最佳实践、运营流程处理及售后服务等工作。

9.1.2 运营工作的核心指标

运营工作涵盖多个环节和岗位，各岗位的考核标准存在差异。在客户服务岗位，主要考核问题解决的数量和客户满意度；在产品运营岗位，重视需求反馈的质量以及产品宣传的质量和频率；在配合销售环节的运营岗位，考核侧重于客户转化率；在客户成功岗位，则关注客单价的提升和续费率的提高。对于整个公司而言，转化率、续费率和客单价是至关重要的运营指标。

9.2 获客策略

在产品规划阶段，我们已对市场定位及客户群体进行了分析。在产品运营阶段，我们的主要任务是解决获客问题。制定获客策略时，首先要考虑的是如何有效地将客户导入我们的平台，实现以最小成本获取最多客户的目标。在实践过程中，我们尝试了多种方法，并总结出了一些比较有效的方法，这里分享给大家。

9.2.1 平台引流

以发票工具产品为例。针对发票工具产品，我们意识到发票、支付与订单之间的紧密联系。为了提升用户在开票方面的体验及企业端的开票效率，与支付、订单类系统进行整合是必要的。为此，我们需要与各类业务管理系统、收银系统及 ERP 等进行合作。这些系统涉及订单、合同、收款等环节，包含了开具发票所需要的关键信息。

若能成功对接这些系统，将为 ERP 打通"最后一公里"，使其更具吸引力。对于 ERP 公司而言，增加发票模块可为其带来额外的增值收费。通过打通发票与 ERP 的流程和数据，产品的整合度将得到提升，用户体验将更为流畅，同时企业端的效率将显著提高，进而增强用户对 ERP 的依赖。对于我们的产品而言，增加了一个销售渠道，借助 ERP 平台的引流，可大幅降低拓客成本。

实践证明，这一策略是成功的。我们已对接数百家大中型 ERP 平台，并与众多生活服务场景和高频开票场景的 ERP 平台建立了良好稳定的合作关系。在这个过程中，我们也认识到 SaaS 行业建设生态能力的重要性。通过 SaaS 产品间的通力合作为客户提供多场景、多环节的综合解决方案，能够大大降低客户的使用成本，有助于整个 SaaS 生态的发展。

9.2.2 代理商拓客

对于SaaS平台来说,由于初次客单价相对较低,如果大量上直销团队,人员成本将快速上升,而商业落地效果可能并不理想,获客效率低,容易出现亏损现象。在产品的早期阶段,直销模式的实践效果并不理想。后来直销团队转为主要帮助公司获取标杆客户,提升客户规模的目标则通过培育代理商的模式来实现。

通过代理商获客与通过平台引流获客存在一些相似之处。通过代理商的资源获取客户,不仅可以为代理商的客户群体提供增值产品,增加其收入,同时还能满足客户的多样化需求。通过与一个团队对接,客户可以解决多个需求的服务问题,避免了在寻找不同供应商时需要耗费大量的时间和精力,以及重新建立信任关系。

为了扩大客户规模,公司需要积极拓展优质代理商。代理商的选择是一个持续优化和筛选的过程。对于不合适的代理商,公司应规划好退出路径。对于优秀的代理商,公司应加大扶持力度,并总结其成功经验,赋能给更多的代理商。代理商的数量并非越多越好。代理商的发展和业务拓展需要平台公司的扶持和服务支持。如果代理商的产出无法达到公司的预期,且过多占用公司资源,将导致资源的浪费。另外,如果代理商不遵从SaaS平台公司的规则,扰乱市场,则应及时处理。公司应根据自身发展需求和资源状况,合理选择和管理代理商,以确保客户获取工作的稳健推进。

此外,市场推广活动也是获取客户的一种方式,但市场推广的主要目的在于品牌营销而非直接获客,整体投入相对较小。总之SaaS公司的获客策略应该是借助各方优势资源,实现客户的高效引流,且客户及各参与环节都能从中获益,从而实现共赢。

9.3 最佳实践

在追求最佳实践的过程中，我们应始终坚持"从客户中来，到客户中去"的原则。这是我们在实践中总结出来的行动指南。

9.3.1 从客户中来

"从客户中来"，准确地讲是"从用户中来"，这个过程是为了深入了解用户的场景和需求。我们要从用户的立场，去观察并揣摩使用场景和遇到的问题，以便找到切实可行的解决方案。

在开发解决方案时，如果涉及产品调整，需要及时沟通，以便进行迭代开发。

以记账行业的发票产品为例，产品团队会与销售、代理商或售前团队等一起进行实地调研，深入了解代账公司的日常操作场景，总结高频操作和耗时操作等问题，并寻求解决方案。通过与用户的持续沟通和方案优化，最终用户的问题得以解决，产品得以优化，形成一个良性循环。

这种良性循环的形成得益于我们早期选择的种子用户。在选择种子用户时，我们需要关注与产品目标客群的匹配度。理想的种子用户应具有代表性，能够反映目标客户群体的需求和特点，从而帮助我们提炼出最佳的产品能力和实践经验，为 SaaS 产品的广泛覆盖奠定基础。

9.3.2 到客户中去

在充分理解各类用户场景及痛点的基础上，一旦我们找到有效的解决方案，就应当积极地将行业经验分享给更多有需求的客户。为了实现这一目标，我们应善于利用各种场合进行经验分享。当客户感受到你讲述的痛点与他们所面临的困境高度契合时，他们会对你提供的解决方案产生兴趣。若你的解决方案确实能够解决实际问题，无疑将增强他们对产品的信任度，并可能促进产品的持续使用和口碑传播。

这个过程实际上就是对最佳实践的总结与分享。在部分公司中，负责此项工作的部门被称为客户成功部门。最佳实践的宣传对于 SaaS 公司的品牌建设、新客户获取和续费率的提升起到非常积极的作用。

9.4 运营流程

在制定运营流程时，必须紧密围绕获客策略。获客策略明确后，与之相应的组织结构和运营流程等也要确定。为了确保服务的效率和质量，运营流程需要发挥关键作用，在客户与产品之间搭建一条高效通道。这有助于提升客户满意度，是产品价值得以实现的重要支撑。所以，运营流程是企业经营的关键流程。

9.4.1 组织建设

在业务战略的实施过程中，组织建设起到了至关重要的支撑作用。为了更好地适应公司及产品的持续发展，我们的运营团队已经经过了数次架构调整。目前，除了研发和销售团队，其他团队均已整合至运营团队之中，包括售前、售后以及运营团队。这样的调整旨在提高团队协作效率，更好地服务于公司的整体战略目标。其中：

- 售前团队：负责和销售、代理商等对接，对一些重要客户或会议提供商务支持，包括方案编写、方案讲解、客户案例讲解、投标支持等，其中为了让售前团队和销售团队之间的协作更为顺畅，可以做定向支持的安排。
- 售后团队：主要负责订单审核、产品实施、问题收集与反馈、产品线上问题处理等。
- 运营团队：负责合同审核、收退款处理、异常账单核对、发票处理等工作。

9.4.2 运营所需产品建设

在产品的发展过程中，运营和产品是密不可分的。为了实现资源的最优配置和效益的最大化，产品团队与运营团队必须紧密协作。在产品的早期阶段，研发资源主要用于核心产品的建设，此时客户数量相对较少，运营人员可能需要通过人工操作承担大部分运营流程工作，以缓解研发资源不足与运营团队信息化需求之间的矛盾。

随着产品的逐渐成熟，客户量逐渐上升，运营团队会面临大量的重复性操作和耗时任务。此时，产品研发团队应投入资源，优化和解决这些问题，以减轻运营团队的工作负担。只有产品团队与运营团队相互配合，才能实现整个团队的产出效益最大化。

在产品的早期阶段，除了核心产品的建设，可能还需要产品团队支持一些影响客户入驻的流程工作。通过产品建设和运营流程的有机结合，可以确保整个流程的顺畅进行，为客户提供更快捷的使用体验。

9.4.3 主要流程

前面的工作是在为运营流程的制定奠定基础，运营流程是有关运营的一系列有组织且关联的业务处理程序。流程管理的目标是统一标准、明确职责、规范流程的基本要素,在有效控制的基础上精简流程步骤,达到流程统一、高效的要求。

在实际的工作中,我们制定了十几项流程来规范业务的运营,具体如表 9-1 所示。

表 9-1 主要运营流程

序号	流程名称	工作事项
1	合同签订流程(含终止协议)	代理商合同或直客合同的签署、用章、寄递事项
2	代理商邀请码生成流程	为代理商生成系统邀请码,方便代理商用户注册时区分
3	账号开通流程	代理商账号或集团客户账号开通
4	客户所属代理变更流程	客户所属代理商变更处理
5	对账及结算流程	代理商对账及结算处理
6	发票开具流程	直客或代理商申请开票
7	发货流程	硬件发货流程申请
8	换货流程	硬件换货流程申请
9	禁用流程	客户或代理商禁用流程申请
10	……	……

以上流程基本涵盖了日常遇到的业务,前期这些流程大部分是线下和线上结合,随着产品的逐步完善,大部分流程迁移到线上,并将规则预设置到系统中,这样可以减少销售端线下发起流程的工作,运营端的工作也会相应简化。

运营流程的环节应力求简洁,同时为每个环节设定办理时限。过多的环节可能会降低运营效率。如需要更多环节知晓,可采用邮件抄送或系统授权通知等措施,以便相关人员协同,并减少主流程节点。要避免因内部权责划分等问题导致审核环节过多,进而影响合作伙伴或客户的服务效率。针对部分一般性流程事项,可取消审核,直接按照设定的规则办理,事后进行监控即可。

9.5 售后服务

售后服务主要解决用户的入驻、使用等问题。为确保服务效率，我们需要在短时间内迅速响应，数分钟内解答用户疑惑，服务方式的触达应该多样化，服务的效果应以是否解决用户问题和用户满意度来评判。至于服务流程，客户无须感知，帮助客户及时解决问题是非常重要的。

9.5.1 服务机制

从方式来区分，服务主要有两种：一是主动服务，二是被动服务。

1. 主动服务

主动服务是在服务团队知晓客户需求或问题的情况下，主动和客户联系，以帮助客户解决问题。比如客户提交订单后，随后跟进提供实施、安装服务；对异常业务进行监控，如果发现客户出现了异常业务情况，可主动联系客户，及时沟通，跟进解决问题。主动服务是提升售后服务质量、赢得客户信任的重要方式。一般可以通过微信（群）、电话等方式主动联系客户。

2. 被动服务

被动服务是指在客户遇到问题时，能够迅速找到服务团队并提供协助，以解决相关问题。为确保这一目标的实现，我们需要确保向客户提供的联系方式简洁明了且易于使用。在产品设计中，可考虑在右上角等明显位置设置"联系客服"的对话框，以便在出现异常问题时，客户能立即获得帮助。同时，提供在线联系和电话联系等多种方式，其中在线联系需要支持远程桌面功能，以便及时协助用户排查问题。针对部分客户的需求，还需要提供微信群等联系方式，并做好相应支持。

根据不同产品对服务时间的要求，我们需要合理安排服务时间。对于需要全天候服务的产品，应确保服务团队在任何时候都能为客户提供支持。此外，服务团队需要构建知识库，以便共享信息。

为提升效率、降低成本，还可以利用智能化、自动化的机器人来完成部分服务。但需把握好人工接入的时机，若发现机器人无法有效解决客户问题，需要尽快由人工接管服务工作。

9.5.2 服务评价

对于评估服务的效果，一是让用户评估问题是否解决，二是让用户对服务的满意度进行打分。也就是说，通过问题解决情况来衡量用户对我们工作能力的认可程度，通过满意度评分来判断用户对我们工作态度的认可程度。

SaaS 产品需要高度重视服务质量，帮助用户达成其目标。产品与服务缺一不可，用户不希望在使用产品的过程中遇到问题，但如果遇到问题，我们要能够及时帮助解决，以提升客户的满意度。

9.6 案例复盘

自 2016 年启动首个版本开发以来，发票产品线历经数年的迭代，实现了从 0 个客户到数十万企业级客户的积累。在此期间，团队规模也从初始的十余人扩增至四五十人。然而，2019 年以后（当时的用户体量仅为现今的五分之一），尽管客户量大幅增长，团队规模却未见明显扩张。这一成果，与公司的市场定位、营销策略、产品及运营方面的紧密配合息息相关。

9.6.1 定位

初期产品以工具类为导向,针对生活服务类企业进行推广。在探索了多个行业后,我们发现生活服务业对这类产品的需求尤为强烈。因此,我们积极与各大生活服务类 ERP 平台展开合作,通过沟通与磨合,对产品进行有针对性的优化,以更好地满足平台及客户的需求。

随着产品的不断发展,我们依托现有资源进一步拓展代账行业,提供集中化的发票管理平台,以解决代账公司发票管理的诸多痛点。经过一段时间的建设,产品逐渐成熟,市场认可度不断提高。

总之,市场定位至关重要,要准确地聚焦于特定行业和用户群体。这些行业的共同特征包括刚性需求、客户群体规模大、发票管理工作相对简单且易于标准化,从而为大规模获客奠定了良好的市场和产品基础。

本章引用的温德尔·史密斯提出的市场细分理念,在实践之后,更能体会其重要性。在产品需求差异不大的情况下,也需要在用户运营层面对其进行分层,对能够提供持续高价值的客户,要重点开拓和服务,提升投入产出比。

9.6.2 产品实现

在产品建设过程中,如果要做到服务于大量客户,但服务成本没有大幅上升,产品就需要做到以下两点。

(1)产品要简单、稳定、标准化

1)产品要简单。设计一定不要复杂,要足够简单,简单的产品用户一看就会,容易上手,这样才可以减少培训、咨询等服务成本。

2)产品要稳定。产品稳定是 SaaS 产品的基础要求,但做到稳定并不容易。产品不稳定会非常影响客户的使用体验和信心,导致售后压力很大,续费率降低。

3）产品要标准化。SaaS 产品有太多的分支版本、定制版本，版本过多会导致产研团队难以管理 SaaS 产品。对整个团队来说，宣传讲解也会花费大量的成本。如果我们要调动足够多的人（比如代理商）帮助我们完成一件事情，那这件事情就要足够简单。要知道在大的群体中同步一件事情是很困难的，如果大团队要同步很多的内容和信息，整个团队必然会出现大量的信息差，团队管理、客户服务都会遇到问题。

（2）产品要便于用户理解

这项工作做好可以大幅减少运营和售后的工作。在产品的建设过程中，有几项工作需要注意。

1）功能设计不要引起用户的误解。比如操作一些列表中的数据，如果不同状态下的操作不同，在设计上就不要让用户去判断。对一个数据集，可以操作 10 个功能，而该数据集处于一个特定状态，仅能操作其中的 3 个功能，那剩余的 7 个功能就要置灰，不要让用户再去点击，这样可以减少用户的认知成本，减少咨询服务量。

2）提示清晰。系统中可能会出现各种各样的提示，无论是产品、研发、测试还是售后，都有权利和义务对难以理解的提示提出质疑，然后逐一去修改优化——这非常关键，一个词语的用词不当，都可能导致售后工作量大幅增加。优秀的提示可以大量减少沟通培训工作和售后工作。

3）定期和运营团队复盘，优化常见问题。针对日常的售后问题进行分类和整理，有些问题大量出现，一定有其原因，有些是可以通过产品优化来实现的，如调整一个不合理的功能或流程，调整一个提示操作的方式等，产品优化得当，将大幅减少售后团队的工作量。

9.6.3 产品和运营协作

运营团队在和产品团队协作的过程中，一方面要总结客户痛点，另一方面要提炼产品卖点，将产品卖点和用户痛点有机结合，形成最佳实践。这个过程中产品团队也需要根据运营团队的建议，完善产品功能，提升产品价值。运营团队不断地和行业内的代理商及客户交流，完善最佳实践，获得目标客户认可。运营团队及代理商向目标客户群体持续输出最佳实践，扩大客户规模，帮助实现产品价值最大化。

9.6.4 拓客策略

前面介绍过，销售的重心不是开拓直客，而是采用代理商合作的策略，一类是有 ERP 的平台合作伙伴，一类是能触达客户的代理商。这两类代理商，既给我们带来了客户，又帮助我们延伸了开票场景，无论是在降低获客成本还是提升客户黏性上都提供了很大的帮助。合适的拓客策略为我们带来了大量的客户，使我们获得乘数效应的客户增长，但自身的销售团队并没有大幅扩张。

9.6.5 经验教训总结

在近年来的发展历程中，我们的团队曾走过一些弯路。事实上，创业过程中想要不犯错误几乎是不可能的。但我们需要做到的是在犯错后迅速吸取经验教训，并及时调整策略。在此分享两个印象深刻的经验教训，以供读者参考。

1. 模式未经验证，团队扩张无意义

在产品的早期阶段，公司对于发展战略、产品定位以及销售策略并未形成明确的认知。然而，为追求客户数量的快速增长，公司大量招聘销售人员。此时，销售模式与产品模式尚未经过验证，无法形成有效的方法论支持，也无法实现复制。人员多并未带来预期的效益，反而产生了巨大的

成本。意识到这一问题后，公司着手缩小团队规模。随后，尝试产品与销售协同模式，待验证其可行性并具备推广条件后，再进行复制与推广。

2. 产品不成熟时慎重扩张

任何事物都有一个发展周期，产品逐步完善走向成熟也需要时间，有时候操之过急会适得其反。产品在某个阶段功能不够完善，稳定性也不够，但又想尽快抢占市场，团队开始大力推广，客户使用产品后，体验比较差、满意度不高、退款率很高，非常影响市场口碑和团队士气。后来调整策略，停止大规模推广，专心打磨产品，待产品成熟后市场推广就顺畅很多。

9.7 本章小结

本章主要介绍了有关运营的一些工作。做好运营工作是对公司商业模式落地和产品价值最大化的有力保障。运营工作要和多个环节对接，不同环节的运营工作侧重点有所不同，公司的整体运营工作需要串接起各个环节。运营中比较重要的是获客、做好最佳实践的总结和宣传、做好客户的售后服务、做好公司运营的流程设计等工作。第 10 章主要介绍数据分析在 SaaS 平台中的应用。

第 10 章

SaaS 产品数据分析

> 一些最好的理论是在收集数据之后,因为这样你就会意识到另一个现实。
>
> ——罗伯特·希勒

诺贝尔经济学奖得主罗伯特·希勒的观点,告诉我们数据及其分析的重要性。数据作为企业核心资产之一,其重要性已为越来越多的企业管理者所认同。数据分析正逐渐成为众多企业决策的重要参考依据。

在 SaaS 产品的建设过程中,数据分析也会起到重要的作用。我们接下来将介绍数据分析的工作,包括数据分析在 SaaS 产品中的应用、数据分析平台的搭建过程、数据分析的主要方法等。

10.1 数据分析在 SaaS 产品中的应用

数据分析是在业务开展过程中,收集记录各种行为产生的数据,对这些数据进行一定的加工、清洗、分析,然后形成数据报表,得出分析报告或结论。

数据分析在很多领域都可以使用。我们可以使用探索性数据分析在数据之中发现新的特征，也可以通过验证性数据分析来验证假设的真伪。

在 SaaS 领域，数据分析可以用在多个方面，比如测算 SaaS 公司的经营数据，评估健康度；分析用户的各种行为偏好，改进产品；分析公司投入产出比，用于评估业务方向；数据分析本身也可以成为 SaaS 产品的一部分，为 SaaS 产品的用户提供数据服务。

数据分析在 SaaS 发展的过程中至关重要，是不断修正产品发展方向的重要参考，也是评估公司业务健康度的重要依据。通过对公司积累下来的海量数据进行统计、分析、研究并形成数据分析报告，我们就可以得到较为完整、科学的客观情况反映，从而协助我们制定出理性、正确的决策和计划，以充分发挥数据分析促进管理、参与决策的重要作用。

10.1.1 产品指标分析

使用数据对产品相关的指标进行分析，比如使用频次、使用率、响应效率。数据分析可以帮助产品经理了解产品使用情况，产品经理可以去做一些总结分析，帮助产品改进。

我们的产品指标是根据具体的业务需要进行设置的，仍然以发票产品线举例，我们关注了几个主要的产品指标，大家可以参考。

（1）开票时长

发票开具过程具有较高的实时性要求，同时整个流程较长。为了评估平台开票性能，我们定期统计发票开具时长以及 5 秒以内完成开票的数量占比。开票时长的计算原则为从发起开票请求至发票开具成功所历经的时间差。

（2）功能使用率

发票产品涉及多样化的开票方式、收票方式及查询统计维度等，我们将对各项功能的使用状况进行汇总分析，明确核心功能，并结合需求调研，评估资源投入方向。比如功能使用率的统计依据为功能菜单的点击次数。

（3）开票方式统计

由于开票场景较多，我们有必要了解各类场景的受欢迎程度以及使用频率。对于高频场景，应持续进行优化，例如扫码开票，我们已经支持了十几种分支逻辑处理，力求在场景拓展上达到较高的覆盖度。而对于使用较少的开票方式，需要结合调研进行需求和产品分析，以判断是产品设计存在问题，还是需求本身不够迫切，或是用户使用出现偏差，进而制定相应的产品策略。开票方式的统计规则取决于成功开票的数据来源方式。

以上是几个产品指标的示例。每个产品都具备独特的特性和应用场景，我们需要探寻并确定衡量自身产品的合适指标。这些指标仅作为改进产品的参考，还需要结合调研成果来判断实际情况。指标数据犹如"体检报告"，结合调研才能"诊断病因"，从而在后续产品迭代中实现"对症下药"。

10.1.2　经营指标分析

为了掌握企业经营状况，我们需要运用数据分析方法，对关键指标如客户续费率、客户留存成本、客户生命周期价值以及获客成本等进行统计分析。

1. 获客成本（Client Acquisition Cost，CAC）

这即每获取一个新的付费客户需要付出的一次性成本，反映了公司的商务拓展能力和业务开展效率。

$$获客成本 = 所有市场与销售费用总和 / 新获取客户的数量$$

2. 客户留存成本（Client Retention Cost，CRC）

这即获得付费客户后，持续保留客户所需的成本。

客户留存成本是在订阅客户开启付费状态后，售后团队或客户成功团队的费用支出，通常包括协调的交付人员费用及云存储费用等。

如果客户的留存与商务团队也有关系，就需要将商务团队的费用也进行相应的计算。不同的公司对于岗位职责范围的要求不同，如果硬套公式可能会出现较大的计算偏差。

3. 月经常性收入（Monthly Recurring Revenue，MRR）

这即每个订阅客户的订阅年费分摊到每月并求和。

$$MRR = 所有付费客户月订阅费用总额$$

MRR 是体现 SaaS 企业估值的最核心指标之一。

4. 年度经常性收入（Annual Recurring Revenue，ARR）

这即将订阅客户的经常性收入规范化为一年期的价值。通常情况下，ARR 只包括合同约定的固定订阅费，即不包括临时性或一次性服务的费用。

5. 签约额（Booking）

这是指与客户签订合同，客户承诺将要支付的金额（有法律约束）。签约额本身仅表示与客户达成了合同关系，但客户不一定会付款，财务上也不代表收入。

当签约额中有一部分是非约束性时（例如合作备忘录或者框架协议），通常不会一开始就把它们记入签约额，而是在采购订单生成时才记入。

6. 总合同额（Total Contract Value，TCV）

这即具有约束效力合同的全部金额，包括多年合同的全部采购金额。

7. 单年合同额（Annual Contract Value，ACV）

这即单一年度的签约合同金额，如果为多年合同，用于估算时，可以直接按照 ACV=TCV/ 合同年数计算。

8. 客户续费率（Client Renewal Rate，CRR）

客户续约率 = 本期实际续费客户数 / 本期应续费客户数

9. 金额续费率（Dollar Renewal Rate，DRR）

有两种算法：

MRR 续费率（MRR Renewal Rate）=
本期实际续费客户 MRR / 本期应续费客户续费前 MRR

合同额续费率（Bookings Renewal Rate）=
本期续费客户合同额 / 本期应续费客户续约前合同额

10. 客户流失率（Client Churn Rate，CCR）

客户流失率 = 本期内流失客户数 / 上期末客户数 =
（上期末客户数 – 本期末客户数 + 本期内新增客户数）/ 上期末客户数

11. 金额流失率（Revenue Churn Rate，RCR）

金额流失率 =（本期内流失 RR + 减值 RR – 增值 RR）/ 上期末 RR

其中，RR（Recurring Revenue）为订阅收入。

12. 客户留存率（Retention Rate）

客户留存率 =（本期末客户数 – 本期内新增客户数）/ 上期末客户数 =
1- 客户流失率

13. 金额净留存率（Net Dollar Retention，NDR）

NDR = 上期订阅客户本期贡献 MRR / 上期订阅客户上期贡献 MRR

14. 客户生命周期（Life Time，LT）

客户生命周期是指一个客户持续为公司创造收入的总时长。

客户生命周期 = 1 / 客户流失率

15. 客户平均收入（Average Revenue Per Account，ARPA）

客户平均收入指的是一个时期内（通常为一个月）平均每个客户贡献的业务收入。

ARPA = MRR / 客户数

16. 客户生命周期价值（Life Time Value，LTV）

客户生命周期价值反映客户能持续贡献的收入金额。

LTV = 单用户月均 MRR × 客户生命周期的月数

SaaS 指标的数据来源及处理方式，需要应用数据分析方法。以计算获客成本为例，首先需要统计一段时间内的新增用户数量，接着核算该时期内的商务费用，包括薪资、差旅费、商务活动等各类开支。若 SaaS 获客过程的跟进时间较长，还需计算客户获取的周期。通过获客平均周期，可统计出商务支出在相应时间段内的各项支出。

10.1.3 用户画像

在 SaaS 产品中，通过对客户进行画像，可发现相似类型的客户，并推荐相应产品给客户以促进订阅，或者对可能流失的客户进行标记，推送给客户成功团队进行沟通跟进，主动提供服务，以提升续费率。用户画像标签体系的构建过程需充分运用数据分析手段。在 C 端产品中，对用户进行画像已成为产品建设的必要过程；在企业级 SaaS 产品领域，用户画像对于订阅续费的影响同样至关重要，应受到关注与重视。

图 10-1 生动展示了用户画像的核心概念，即对客户进行标签化的过程。

图 10-1　个人用户画像

对于 SaaS 产品的用户画像，涉及的主体可能多样，如代理商、企业客户、个人用户等。以企业客户为例，其描述可分为多个主题，包括企业基本信息、企业经营信息、企业行为信息等，我们称之为标签。通过数据计算、分析及定义规则，从这些信息中可以生成活跃度、价值度等复杂标签。

图 10-2 是一个企业客户画像示例。

图 10-2　企业客户画像示例

10.2 指标与标签设计

数据分析的各种需求最终需要转化为指标，指标是表达数据分析需求的基本方式。

10.2.1 指标的定义与分类

指标是用来定义、评价和描述特定对象的一种标准或方式。例如：新增用户数量、累计用户数量、注销用户数量等用以衡量用户发展状况的指标，客单价、平均客单成本、平均毛利率等则是用于评估企业经营状况的指标。

在设计或定义具体指标时，需要对指标类型进行分类，从不同的维度，可有多种划分方法。根据指标计算逻辑，可将指标分为原子指标、复合指标、派生指标三类，这是一种比较常见的指标分类方式。

（1）原子指标

原子指标也叫基础指标，是指表达业务实体原子量化属性的且不可再分的概念集合，如交易笔数、交易金额、交易用户数等。

（2）复合指标

复合指标是指建立在基础指标之上，通过一定运算规则形成的计算指标集合，如平均用户交易额、资产负债率等。

（3）派生指标

派生指标是指基础指标或复合指标与维度成员、统计属性、管理属性等相结合产生的指标，如交易金额的完成值、计划值、累计值、同比、环比、占比等。

另外，根据描述对象的不同，指标可分为用户类指标、事件类指标等；按照指标的变化频率，可分为静态指标和动态指标；按维度划分，有用户类指标、收入类指标、行为类指标等；按客户生命周期划分，可分为获客指标、履约指标、注销指标等；按照重要程度，可分为主要指标和次要指标等；按管理职能来分，可分为观测指标、管控指标和挑战指标等。

10.2.2 标签的定义与分类

标签是对指标深度加工的结果，它侧重于对人物或实体对象的刻画。标签是根据业务场景需求，通过运用抽象、归纳、推理等方法或算法对目标对象进行高度概括和精炼的特征标识，以便实现差异化管理和决策。

标签是指标进一步的发展形态，其分类有类似的地方，但也有所不同。按照变化性标签可分为静态标签和动态标签。按照指代和评估指标的不同，标签可分为定性标签和定量标签。按照体系分级分层的方式，标签可以分为一级标签、二级标签、三级标签等，每一个层级的标签相当于一个业务维度的切面。按照复杂程度标签可分为基础标签、规则标签和模型标签。其中，基础标签通常是基于事实数据的，与指标有较高的重合度，比如身高、体重、性别等。规则标签一般是由一些简单的规则来控制，符合某种规则时才生成相应的标签，比如高价值客户标签，当一些指标达到特定的条件，就可以将用户标记为高价值客户。模型标签一般需要通过某些机器学习算法来生成，也称作挖掘类标签。模型标签基于数据进行建模。模型与规则不同的是，规则的生成是业务专家根据业务经验，组合多个指标制定的，规则不具有预测能力。而模型的生成是应用科学的算法对指标进行计算，同时模型具有预测能力。

针对客户在 SaaS 平台上所处的阶段不同，制定的标签也存在差异，比如获客阶段和留存阶段等。在获客阶段，关注点主要包括用户在门户网站的浏览行为、客户基本信息收集，以及现有用户群体的匹配程度。而在留存阶段，关注重点则转向用户对产品的参与程度，如操作频率、需求与问题反馈、需求与问题解决情况、增购产品意愿以及转介绍情况等。

10.2.3 指标和标签的区别

我们从特征、场景、生产过程、展现方式等几个方面进行比较。

1. 特征

指标是信息化时代的通用语言。指标注重对事物及事件的过程进行全面的、体系化的描述，指标的描述范围广泛，既包括过程也涵盖结果，指标在逻辑上更严谨，表现风格也比较严肃，一般采用数值型。

标签是大数据与人工智能时代的通用语言。标签比指标更有概括性、更凝练，是对指标深度加工的结果，标签注重对人或实体的描述，侧重对局部特征和结果的描述，注重与具体业务场景的结合，描述的范围相对较窄。标签更生活化、口语化和符号化。

2. 场景

指标的应用场景很多，涉及企业的战略、管理、运营和支撑等层面，具体包括战略目标、市场定位、业务监测、业绩考核、任务分解、数据分析、数据建模、BI（商业智能）应用等。

标签的应用场景比较适合于用户运营。比如：客户画像、新增获客、用户激活、存量客户维系、数据建模等。

指标最擅长的应用是监测、分析、评价和建模，标签最擅长的应用是标注、刻画、分类和特征提取。

由于对结果的标注也是一种标签，所以在自然语言处理和机器学习相关的算法应用场景下，标签对于监督式学习有重要价值，这是一般性的指标难以做到的，而指标在任务分配、绩效管理等领域的作用，也是标签无法做到的。

3. 生产过程

指标是拆解式思维，可以运用多维拆解等分析方法，将事物分解开来进行多角度多维度的描述，得出很多的指标；标签则是合成性、聚合式思维，将多个分散的指标按照一定的规则或算法进行综合加工，得出概括性的结果。

一般情况下，先有指标再有标签；指标是业务管理导向的，需要提前规划；标签是应用导向的，跟随业务需求的变化而变化，根据业务可随时增加。

指标的生产通常先要解决数据质量问题，统一数据口径，而标签生产涉及数据质量的问题较少，因为数据质量的问题已经在指标生产阶段被解决了。指标通常存在多个口径、口径不一致的问题，而标签在这方面的问题相对较少。

4. 展现方式

指标的表现形态相对简单，通常以格式化的直方图、趋势图、看板、饼图等图形来表示。

标签的表现形式较为复杂，通常以可视化图表或大屏展示为主，例如，在展示用户画像时，我们通常采用词云图来呈现其特征。

10.2.4 如何设计指标

指标设计需要从全局角度考虑，指标不是孤立的，需要成体系地进行设计。指标体系是将零散单点的具有相互联系的指标系统化地组织起来的体系，通过全局解决单点的问题，是由指标和维度组成的。

（1）指标体系的设计过程

指标体系一般需要经过业务核心指标确定、业务关键行为流程、选择模型进行多维拆解、确定优先级进行系统性整合等几个步骤。

SaaS 平台的核心指标一般为客户增长率、客户续费率、获客成本、客单价等几个指标。业务关键行为流程，对于我们来说主要是代理商新增及代理商获取客户，自然把指标拆解为代理商增长率、代理商贡献户数等指标，如果再往前置环节延伸，还会涉及代理商拜访、代理商转化、代理商获客等类似于 AARRR（指 Acquisition、Activation、Retention、Revenue、Referral 的缩写）的获客模型的指标。选择模型进行多维拆解，可以从指标构成来拆解：分析单一指标的构成。比如单一指标为用户，而用户又可以拆解为新用户、老用户；按照城市细分，比如一线、二线、三线等，不同城市的用户数量情况。还可以从业务流程来拆解：按业务流程进行拆解分析，比如不同渠道的用户续费率。

这些指标拆解完后，我们需要梳理先后顺序、重要性，然后评估优先级。

指标体系的设计需要注意以下几个方面：

一是要确立关键指标，或者叫北极星指标，可以是一个也可以是多个，关键指标的确定有助于后续对重点工作及优先级的梳理，SaaS 平台的北极星指标可以设定为续费率或增长率，发展阶段和行业特性不同，关键指标设定有所区别。

二是减少重复工作，将不同的业务或业务线数据需求梳理，对指标项进行拆解，粒度可以到不需要进行拆分即可复用的程度，称之为原子指标，对于各方提出的统计事项，尽可能复用原子指标，降低后续的数据处理工作量。

三是要明确统计维度，用于统一业务、产品、技术等各环节的指标统计口径，避免数据维度不统一导致无法比较。

（2）指标设计实例

我们以 SaaS 续费率为例进行说明。在此我们先介绍几个概念。

- 业务过程：完成该业务操作后，统计的指标会发生数量的变动，如加盟商入驻、订单支付、合同签约、续费服务等。
- 指标标识字段：是对指标名称的词典定义。
- 维度：一般是指事物现象的某种特征，从某种角度出发的度量统计，角度即为维度。一般维度可用作数据汇聚、数据钻取、数据切片等。例如统计不同月份的用户数量，那月度就是一种维度。维度一般可以是时间、地区、渠道等。
- 精确度：指标度量时的数字精度，特别在分析金额一类的指标时，需明确保留几位小数。
- 秘密级别：如按照 L1、L2、L3、L4 四个级别，L 是 Level 的缩写，L1 完全公开，L2 内部公开，L3 相关产品业务方 & 部分中高管理层可看，L4 决策层可看等，保密级别可自行进行定义。

了解这些概念后，我们来完成一个指标设计实例。

1）SaaS 的续费率是一个复合指标，可以表达为

$$客户续费率 = 实际续费客户数 / 应续费客户数$$

实际续费客户数是原子指标，是指统计周期内实际已续费的客户数量。

应续费客户数是原子指标，是指最后一个服务月份（或服务截止日期）落在统计周期内的客户数量。

2）指标确定后，还需要补充统计维度，有了维度，数据才可以进行比较。

- 时间维度：年续费率，月续费率。
- 地区维度：按省份统计。
- 代理商维度：不同代理商客户的续费率。
- 行业维度：企业所属不同行业的续费率。

3）为方便标记指标，可以对指标建立标识字典，有经验的可提前建设字典表；没有经验可在指标分析的过程中逐步建立。针对我们的业务实际情况，我们对客户续费率标识如下：

fp_customer_renew_rate

第一个词 fp 标识为发票产品线，第二个词 customer 标识为客户指标（其他如代理商指标），第三个 renew 标识为续费（其他如新增、流失等），第四个词 rate 标识为比率（其他如数量，金额等）。

4）指标字典表。对以上信息进行汇总整理，就形成了一个简单的指标字典表。指标字典表可包含如表 10-1 所示的项目（为方便展示，这里列为竖表，实际工作中横表使用较多）。

表 10-1 指标字典表

序号	1	2	3
业务线	发票业务线	发票业务线	发票业务线
业务过程	续费服务	续费服务	续费服务
数据源	××管理系统	××管理系统	××管理系统
指标类型	原子指标	原子指标	复合指标
指标名称	实际续费客户数	应续费客户数	客户续费率
指标编号	fp_customer_actual_renew_amount	fp_customer_supposed_renew_amount	fp_customer_renew_rate
业务场景描述	评估续费情况	评估续费情况	评估续费情况
计算口径描述	应续客户中实际续费的客户，统计周期内，存在套餐起始日期，且对应套餐截止日期超出统计周期	最后一个服务周期的截止日期落在统计周期内	fp_customer_actual_renew_amount / fp_customer_supposed_renew_amount 实际续费客户数 / 应续费客户数

（续）

序号	1	2	3
涉及主要表及字段	×××表，账户套餐起始日期，账户套餐截止日期（一般和研发人员一起确定）	×××表，账户套餐截止日期（一般和研发人员一起确定）	
单位	个数	个数	百分比
精确度	取整	取整	0.00%
统计周期	年	年	年
统计维度	代理商、地区	代理商、地区	代理商、地区
秘密级别	L3	L3	L3

指标字典建立以后，后续需要处理相关的数据，并通过一些图表等来完成指标的展现。

10.2.5　如何设计标签

同指标设计一样，设计标签时，我们也需要建立标签体系。标签体系的建设需要有业务场景驱动，一定要和业务联动，驱动业务增长、优化，才能真正实现标签体系的价值。

（1）标签体系设计过程

1）确定目标，对业务目标进行分析。

2）选定目标对象，根据需求确定标签所指的业务对象，一般为客户、用户、活动等。

3）根据标签的复杂程度进行标签层级设计，一般比较复杂的标签体系为三级，可适当增删层级。

4）进行详细的标签和标签值设计，包括标签定义、标签类型、适用范围、标签的生成逻辑、标签取值等。

（2）标签设计实例

SaaS平台的外部用户有三类：一类是C端客户，是企业所触达的用户；

一类是企业客户,是我们平台服务的主体;一类是代理商用户,是帮平台开拓企业客户的合作伙伴。

企业客户是我们平台服务的主体,这里以企业客户为主体进行举例。

第一,业务目标。

SaaS 产品的续费是经营管理的重点工作,客户活跃度是我们评估客户续费的一个重要因素。

第二,标签定义。

客户活跃度体现在多个方面,可以通过企业客户的整体用户行为进行判断。比如有多少用户使用、用户的开票频次等。客户活跃度标签的定义如表 10-2 所示。

表 10-2 标签属性示例表

客户使用程度	用户量	开票频次
高活跃度	大于 2 人	最近连续三个月,月人均开票大于 10 张
中活跃度	大于 2 人	最近连续三个月,月人均开票小于或等于 10 张
	小于或等于 2 人	最近连续三个月,月人均开票大于 10 张
低活跃度	小于或等于 2 人	最近连续三个月,月人均开票小于或等于 10 张

表 10-2 是一个简化的标签定义模型,用户的活跃度还包括开票场景等核心功能使用频次等方面,对于值的定义也可以是多个区间分别定义,比如用户量可以分为小于 2 人、大于或等于 2 人小于 5 人、大于或等于 5 人等多个区间值。

第三,标签完整定义。

表 10-2 是我们对标签属性值的具体定义,建立标签体系,标签属性值是重要的但不够完整。该标签完整定义如下(在标签设计过程,可以使用 Excel 表进行记录):

一级类目：企业

二级类目：行为属性

三级类目：统计行为

标签名称：客户活跃度

优先级：高

标签编号：qy_xw_tj_hyd

标签类型：统计类

属性值类型：枚举类

数据来源：用户表、发票数据表

计算逻辑：参见表10-2

属性值：高活跃度、中活跃度、低活跃度

权限归属：客户成功团队、管理团队

第四，数据获取。

在标签设计过程中，就需要指明数据来源。一般来说，标签数据来源为业务数据、用户基本数据、日志数据、调研数据、算法加工数据等，这里示例的标签数据来源为用户基本数据（用户表）、业务数据（发票数据表），来源相对清晰，规则简单。

10.3 数据分析平台的搭建过程

数据分析平台需要根据产品的发展阶段来进行建设，我们在早期产品阶段，通过一些统计基本上可以完成相关的指标计算。随着业务的不断扩展，数据类型和数据量越来越多，有必要建设一个数据分析平台来进行相关的数据分析和利用。

数据应用体系的层级划分如图10-3所示。

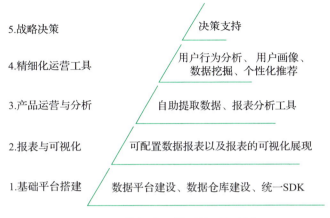

图 10-3　数据应用体系的层级划分

建设统一的数据分析平台，需要几个主要过程，包括数据输入、数据仓库、数据应用等，如图10-4所示。

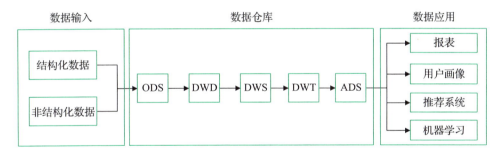

图 10-4　数据分析平台建设过程

10.3.1　数据输入

进行数据分析时，首先需要掌握数据来源，以便对可利用的数据进行全面了解，这个过程可称为数据摸底。数据摸底旨在掌握现有可直接应用的数据，同时，为满足统计分析需求，还需确定需要采集补充的数据。

对于已存在的数据，有必要分析了解以下几类数据：一是各类系统累积的数据，包括业务数据、字典数据、日志数据等结构化数据；二是部分原始的表格数据，虽非存储于数据库之中，但仍属于结构化数据；三是各类文件数据，如各类文档、电子文件、日志文件等非结构化数据。

从业务角度对数据进行分类，分为基础数据、经营数据、流程数据。基础数据包括用户数据、行为信息、机构信息、企业信息、个人信息、代码表信息、代理商数据、日志数据、其他基础数据等；经营数据包括客户线索、合同数据、订单数据、发票数据、收付款数据、库存数据、报表数据等业务、财务类数据；流程数据包括审批流数据、业务流程数据等。

对于需要额外采集的数据，比如用户行为数据等，我们可以借助第三方系统，通过配置等手段实现对系统使用的分析监控，从而降低开发负担。同时，也可根据产品实际状况进行相应开发。

这些数据可作为我们数据输入的来源，并根据需求采集相应的数据。

10.3.2 数据仓库

数据仓库（Data Warehouse，DW）为企业决策提供数据支持。

数据仓库是一个系统，其主要目的是为数据最终利用提供经过处理的数据。这些处理过程包括数据抽取、清洗、转义、分类、重组、合并、拆分和统计等操作。

图 10-5 是数据仓库的分层示意。

数据仓库主要包括数据运营层、数据仓库层和数据应用层。其中数据仓库层又包括数据明细层、中间数据层、数据服务层、数据主题层。

1. 数据运营层

数据运营层（Operation Data Store，ODS），是数据准备区，也称为贴源层。数据源中的数据,经过抽取、映射、传输,也就是 ETL 过程之后进入本层。

图 10-5　数据仓库

该层的主要功能:作为后面数据仓库层的准备区,为 DWD 层提供原始数据,减少对业务系统的影响。

在源数据装入这一层时,要确定字段映射和字段命名规范等,ODS 的数据大多是按照源头业务系统的分类而分类的。为了考虑后续可能需要追溯源数据，对于这一层实际上不建议做过多的数据清洗工作，原封不动地装入原始数据并确定好数据拉取方式即可，比如通过时间戳，可增量进行数据同步，至于数据的清洗、异常值等处理，可放在后续的数据仓库层来做。

数据同步机制上，可以采用全量同步或增量同步，一般在数据量较大时，普遍采用增量同步。

在同步周期上，又分为按需同步、定期同步、伪实时同步以及实时同步。按需同步是在有需要的情况下，根据要求进行同步；定期同步顾名思义就是按照一定的频率同步数据，这种方式使用较多，对于一些数据实时性要求不高的数据，按天或者按周同步都是可行的；伪实时同步之所以加了一个"伪"字，是因为数据分析的大多数需求对实时同步的要求不会那么高，即便数据分析产品在实时性要求较高的场景下，滞后几秒或者几分钟是可以接受的，而数据的变化又需要尽快地同步，这就产生了伪实时同步的需求，伪实时同步可以借助一些消息通知或者缩短同步的间隔时间来进行处理，借助消息通知的方式一般需要原系统做一定的开发调整；实时同步就要求实时和生产数据库保持一致，这种操作对于生产环境数据库的影响也会较大，一般采用较少。同步周期需要看实际的业务需求，按需选择即可。

2. 数据仓库层

数据仓库层，是做数据仓库设计时最为核心的一层，从 ODS 中获取的数据，按照需求建议各种主题的数据模型。该层又细分为数据明细层、中间数据层、数据服务层、主题数据层。

（1）数据明细层

数据明细层（Data Warehouse Details，DWD）一般保持和 ODS 层一样

的数据颗粒度，主要是对 ODS 数据层的数据按照一定的主题进行划分，并做一些数据的清洗和规范化操作，提升数据质量。

- 空值处理：将空值替换为特定值或直接过滤掉。
- 验证数据正确性：把不符合业务含义的数据做统一处理。
- 规范数据格式：比如把所有日期都规范成 YYYY-MM-DD 的格式。
- 数据转码：把一个源数据中用编码表示的字段通过关联编码表转换成代表其真实意义的值。
- 数据标准统一：比如在源数据中表示男女的方式有很多种，在抽取的时候直接根据模型中定义的值做转化。

为了提高数据明细层的易用性，该层通常会采用一些维度退化方法，将维度退化至事实表中，减少事实表和维表的关联。

这里的维度表和事实表的概念，简单做个比喻，如销售一个商品对应的订单数据包括价格、销售时间、购买人等信息存储的表叫事实表，而该商品关联的品类信息等属于维度表。维度退化，再举个例子，比如订单有一个特殊的字段订单 ID，它可以关联出很多其他表的数据，但为了查询方便，又不会单独用一张表仅存储订单 ID 信息，这个订单 ID 会直接存入事实表，这就是一种维度退化。

除此之外，在 DWD 层还需要对数据进行转化和加载。转换是用 ODS 中的增量或者全量数据来刷新 DW 中的表，加载是指增量插入数据到一张表。

DWD 层需要构建维度模型，一般采用星型模型，呈现的状态一般为星座模型（由多个事实表组合，维度表是公共的，可被多个事实表共享）。为支持数据重跑可额外增加数据业务日期字段，可按年月日进行分表，用增量 ODS 层数据和前一天 DWD 相关表进行 merge 处理（通过 ID 映射，存在数据时进行修改，不存在时新增一条记录）。粒度是一行信息代表一次行为，例如开一张发票。

(2) 中间数据层

数据中间层（Data Warehouse Middle，DWM）是在 DWD 层的数据基础上，对数据做一些轻微的聚合操作，生成一系列的中间结果表，提升公共指标的复用性，减少重复加工的工作。更简单地说，是对通用的主要维度进行汇总操作，算出相应的统计指标。该层有时也会和数据服务层合并。该层建模时，一般会保持低粒度的数据汇总加工。

(3) 数据服务层

数据服务层（Data Warehouse Service，DWS）也是通常所说的宽表，它主要对 ODS/DWD 层数据做一些轻度的汇总。该层是基于 DWM 层的基础数据，整合汇总成分析某一个主题域的数据服务层，用于提供后续的业务查询、OLAP 分析、数据分发等。

一般来说，该层的数据表会相对较少，一张表会涵盖比较多的业务内容，由于其字段较多，因此一般也会称该层的表为宽表。

该层建模时，通过聚合、汇总增加派生事实，可以关联其他主题的事实表，可能会跨主题域；汇总数据保持较高粒度汇总；数据模型不再遵循三范式设计；大量地进行信息合并等。

(4) 主题数据层

主题数据层（Data Warehouse Topic，DWT）以分析的主题对象为建模驱动，基于上层的应用和产品的指标需求，构建主题对象的全量宽表。DWT 以 DWS 为基础，对数据进行累积汇总，一行信息代表一个主题对象的累积行为，例如用户开票，一个用户从注册到现在总的开票次数。该层有时也会和数据服务层合并。

建模时，尽量减少数据访问时的计算，优化检索；维度建模时一般采用星型模型；事实拉宽，数据预先计算，以提升查询效率；数据分表存储。

3. 数据应用层

数据应用层（Application Data Service，ADS）主要给数据产品和数据分析提供数据，一般会存放在 ES、Redis、PostgreSQL 等系统中供线上系统使用，也可能存放在 Hive 或者 Druid 中，供数据分析和数据挖掘使用，常用的数据报表对应的数据就是存储于这一层。

具体的分层数量以及命名规则，是需要根据公司业务复杂程度来定的，并不是层数越多越好。层数越多，数据冗余程度越大；层数越少，数据重复计算越多。所以分层数量一般根据业务复杂度来进行评估。

10.3.3 数据应用

数据仓库建设好以后，就可以开始做数据的开发利用了。数据应用除了生成报表辅助决策外，还可以用于用户画像、机器学习、系统推荐等方向。

1. 报表

数据报表是我们最常见的数据产品，数据报表呈现的各类数据可以让我们对时间有相对客观的了解和认知，方便团队决策，另外前文提到的产品指标、经营指标等，都需要通过数据分析来得到这些指标数据。

我们公司早期的各种指标都是通过研发人员定期做统计报表来实现的，早期指标较少，数据量较少，相对比较容易获得所需要的报表，随着公司的发展、业务的拓展，指标需要统计的项目也越来越多，对研发资源的占用也越来越多，通过数据分析产品的形式，业务部门可以自行通过产品功能获取报表数据，业务人员经过一些培训，甚至可以调整一些参数、组合获取复杂报表，实现了"报表自由"，数据分析产品让业务人员获取数据更快捷，对研发资源的占用降低，效率提升明显。

我们用到的报表呈现工具如达·芬奇、DAP 等，不仅可以进行数据报表的展现，还可以做数据源注册、ODS 注册与管理、数仓配置与数据聚合等，DAP 功能更为全面，可作为一个数据分析平台使用。

2. 用户画像

用户画像是指根据用户的属性、用户偏好、生活习惯、用户行为等信息而抽象出来的标签化用户模型。通俗说就是给用户打标签，而标签是通过对用户信息分析而来的高度精练的特征标识。通过打标签可以利用一些高度概括、容易理解的特征来描述用户，可以让人更容易理解用户，并且可以方便系统化处理。

在 C 端产品中，用户画像主要是针对个人端的标记，在企业端产品中，用户画像包含企业画像和个人用户画像。

用户画像可以帮我们定位目标客户。比如我们通过对现有客户进行分析，包括所属行业、用户销售额、用户所属地区、用户注册基本信息、客单价等信息，形成用户画像，然后统计出对于我们平台来说较高的客单价和客户端的群体，进一步指导销售有目的的寻找客户，提高成交量和成交价格。

用户画像的分析有助于提高续费率。我们需要定期对各类用户的系统使用状况进行研究，将用户的使用行为进行分类，识别出高度依赖产品的用户群体以及易发生流失的用户群体。随后，将这些信息反馈给客户成功或销售团队，以便进行后续沟通和跟进，以提升用户对产品的满意度，进而提高续费率。

用户画像可以用于行业报告。通过用户画像分析，我们可以了解行业动态，比如人群消费习惯、消费偏好分析、不同地域品类消费差异分析等。

3. 机器学习

机器学习是人工智能的一种实现方式，机器学习需要基于大量的数据，这些数据一般都需要经过一定的处理，而数据分析平台可以提供这种数据处理能力。机器学习我们会在第 11 章进行介绍。

4. 推荐系统

推荐系统可以通过个性化的推销增强用户体验，提升销售效率或销售额。推荐系统是机器学习的一个子领域，并且是一个偏工程化且有较大商业价值的方向。推荐系统通常可以加速搜索，让用户更容易访问感兴趣的内容。平台可以通过展现用户感兴趣的内容来吸引用户找到感兴趣的内容，有助于减少客户流失，提高利润。

推荐系统的构建过程，一般通过收集不同来源的数据汇聚成推荐算法需要的原始数据，通过特征工程对原始数据处理生成最终特征，再选择合适的推荐算法对特征进行训练获得最终的推荐模型，在预测/推断阶段，我们根据某个用户的特征将用户特征信息灌入模型获得该用户的推荐结果，如图 10-6 所示。

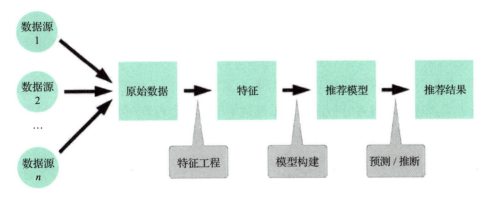

图 10-6　推荐系统的构建过程

推荐系统的数据来源，一般有用户行为数据、用户属性数据、标的物（内容或物品）属性数据、上下文数据这四大类。

数据的处理过程一般称为 ETL（Extract-Transform-Load），即抽取、转换、加载三个过程。

接下来需要进行特征工程，特征是建立在基础数据之上的特定表示，它是一个单独的可度量属性。特征工程不仅用于构建用户画像，也是机器学习流程中非常重要的一环。特征工程又分为特征预处理、特征构建、特征选择、特征评估等几个过程。

特征工程构建之后，还需要通过推荐算法来说明需要什么样的数据，以及怎么基于这些构建的特征去训练推荐模型。推荐算法分为个性化推荐和非个性化推荐，非个性推荐相对简单，比如一些排行榜等，个性化推荐可分为基于内容推荐和协同推荐。

推荐系统一定是未来很多产品的标配，SaaS 产品目前在这方面的应用还不是那么完善，但随着算法、机器学习等更新、更好的技术应用于推荐系统，其效果会越来越好，也会逐步在更多的场景中得到应用。

10.4　7 种常见的数据分析方法

数据分析领域发展到现在，行业专家已经总结了一系列实用的数据分析方法。比如逻辑树分析法、多维度拆解分析法、PEST 分析法、假设检验分析法、群组分析法、RFM 分析法、漏斗分析法、因果分析法、对比分析法等。接下来简单介绍几种分析方法及使用场景。

10.4.1　逻辑树分析法

逻辑树分析法就是把一个大的或者复杂的问题拆解和细分成若干个子问题的过程，就像树枝展开一样。

逻辑树分析法适用于把复杂的问题简单化。

比如我们需要分析实施交付慢的原因，可以将实施交付拆分为多个子环节，再逐个找问题，一是客户沟通周期，二是客户需求量，三是需求可能变动，四是交付工作量，五是交付工作效率，六是工作协同效率等，其中工作协同效率又可以分为审批流程效率、技术支持周期、人员沟通效率等，我们可以去采集各个环节的相关情况和数据，分析是否超出了平均水平。

10.4.2 多维度拆解分析法

多维度拆解分析法就是从多个维度去分析事物本来的"面貌"，比如SaaS指标中，只看客单价是不够的，还需要看续费指标、成本指标等，通过多个维度去分析才能了解事物的全貌。

维度拆解时，可以从指标构成来拆解，分析指标的构成，比如用户指标，可以将用户拆解为新用户、老用户，还可以从地域、性别等维度进行区分。

10.4.3 假设检验分析法

假设检验是对总体参数提出一个尝试性的假设，该尝试性的假设称为原假设，然后定义一个与原假设完全对立的假设，称为备选假设。假设检验就是通过样本数据对两个对立假设进行检验。

一般来说，原假设是我们想要拒绝的假设，因为证伪比证真要相对容易，证伪只需要举出一个反例就可以。所以假设检验的基本思路也是如此，它利用了"小概率事件，不可能在一次小范围抽样中发生"的朴素原理，先提一个假设，之后看能否用小概率事件推翻它。

假设检验中所谓"小概率事件",并非逻辑中的绝对矛盾,而是基于人们在实践中广泛采用的原则,概率小到什么程度才能算作"小概率事件",显然"小概率事件"的概率越小,否定原假设就越有说服力,这个概率值一般记为 $\alpha(0<\alpha<1)$,称为检验的显著性水平。对于不同的问题,检验的显著性水平 α 不一定相同,一般认为事件发生的概率小于 0.1、0.05 或 0.01 等,即"小概率事件"。

假设检验的基本思想是利用"小概率事件"原理做出统计判断的,而"小概率事件"是否发生与一次抽样所得的样本及所选择的显著性水平 α 有关,由于样本的随机性及选择显著性水平 α 的不同,因此检验结果与真实情况也可能不吻合,从而假设检验是可能犯错误的。

一般假设检验可能犯的错误有如下两类:

1)当假设 H0 正确时,小概率事件也有可能发生,此时我们会拒绝假设 H0。因而犯了"弃真"的错误,称此为第一类错误,犯第一类错误的概率恰好就是"小概率事件"发生的概率 α,即 P{ 拒绝 H0/H0 为真 }= α。

2)当假设 H0 不正确,但一次抽样检验未发生不合理结果时,这时我们会接受 H0,因而犯了"取伪"的错误,称此为第二类错误,记 β 为犯第二类错误的概率,即 P{ 接受 H0/H0 不真 }= β。

理论上,自然希望犯这两类错误的概率都很小。当样本容量 n 固定时,α、β 不能同时都小,即 α 变小时,β 就变大;β 变小时,α 就变大。一般只有当样本容量 n 增大时,才有可能使两者变小。在实际应用中,一般原则是:控制犯第一类错误的概率,即给定 α,然后通过增大样本容量 n 来减小 β。这种着重对第一类错误的概率 α 加以控制的假设检验称为显著性检验。

假设检验的基本过程就是先设定一个假设,然后选择一个对立的备选假设,设定原假设以后,还要设定显著性水平 α 的值。接下来选择合适的检验统计样本数据，代入参数，计算小概率事件是否发生。

在做假设检验时有一些注意事项，比如做假设检验之前，应注意资料本身是否有可比性；当差别有统计学意义时应注意这样的差别在实际应用中有无意义；根据资料类型和特点选用正确的假设检验方法，如选择 T 检验或者 Z 检验；根据专业及经验确定是选用单侧检验还是双侧检验；判断结论时不能绝对化，应注意无论接受或拒绝检验假设，都有判断错误的可能性。

10.4.4　RFM 分析法

RFM 分析法是指根据客户活跃程度和交易金额贡献进行客户价值细分的一种客户细分方法。RFM 分析主要由三个指标组成，分别为 R（Recency）、F（Frequency）、M（Monetary）组成。其中，R（最近一次消费时间间隔）指用户上一次消费距今多长时间；F（消费频率）指用户在一段时间内消费的次数；M（消费金额）指用户一段时间内的消费金额。

RFM 分析基于以下三组假设。

- 假设一：最近有过交易行为的客户比最近没有交易行为的客户，更有可能再次发生交易行为。
- 假设二：交易频率较高的客户比交易频率较低的客户，更有可能再次发生交易行为。
- 假设三：过去所有交易总金额更多的客户比交易总金额较少的客户，更有消费积极性。

依据如上三项指标及假设，可以根据指标的分值高低组合划分为 6、8、11 等几种模型，最常见的几种模型如表 10-3 所示。

表 10-3　客户分组模型

R 值	F 值	M 值	RFM 分值	客户类型
高	高	高	222	高价值客户
高	高	低	221	一般价值客户
高	低	高	212	重点发展客户
高	低	低	211	一般发展客户
低	高	高	122	重点保持客户
低	高	低	121	一般保持客户
低	低	高	112	重点挽留客户
低	低	低	111	潜在客户

RFM 分析法的主要过程为：首先进行数据准备，通过数据分别计算出这三个指标的值，根据分值将 R、F、M 分组打分赋值，得出 RFM 综合分值（RFM = 100×R 分值 + 10×F 分值 + 1×M 分值），最后根据分组模型对客户进行分类，帮助后续对客户进行营销和跟进。

RFM 常用于用户画像，作为用户画像的其中一个标签，提供给客户成功团队或运营团队。

10.4.5　漏斗分析法

漏斗分析法即使用漏斗图的分析法，有点像倒金字塔，是一个流程化的思考方式，常用于如新客户的开发、成交转化率这些有变化和一定流程的分析中。

图 10-7 是经典的营销漏斗，展示了从获取用户到最终转化成购买这整个流程中的一个个子环节。相邻环节的转化率则是指用数据指标来量化每一个步骤的表现。所以整个漏斗模型就是先将整个购买流程拆分成一个个步骤，然后用转化率来衡量每一个步骤的表现，最后通过异常的数据指标找出有问题的环节，从而解决问题，优化该步骤，最终达到提升整体购买转化率的目的。

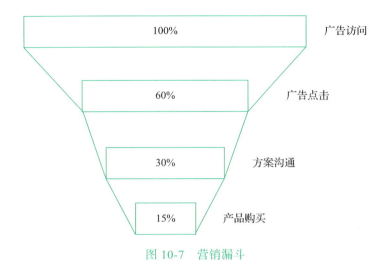

图 10-7　营销漏斗

整体漏斗模型的核心思想其实可以归为分解和量化。比如 SaaS 获客模型，我们要做的就是监控每个层级上的用户转化，寻找每个层级的可优化点。对于没有按照流程操作的用户，专门绘制他们的转化模型，缩短路径提升用户体验。

还有经典的 AARRR 增长模型，指 Acquisition、Activation、Retention、Revenue、Referral，即用户获取、用户激活、用户留存、用户收益以及用户传播。这是产品营销中比较常见的一个模型，结合产品本身的特点以及产品的生命周期位置，来关注不同的数据指标，最终制定不同的营销策略。

10.4.6　因果分析法

因果分析是指在一种现象已经发生的情况下推出因果关系结论的过程。对于我们日常的数据分析工作，因果分析是经常被使用到的，这个方法还和逻辑树分析法、多维度拆解分析法等进行结合使用。

举例最近销售额下滑，需要我们去分析是什么原因导致了下滑。

我们需要先知道：销售额 = 老客户续费金额 + 新客户销售金额。

其中，老客户续费金额＝原产品续费金额＋老客户新购增值产品金额。

在对销售额构成进行分析后，我们发现老客户续费金额出现下滑，特别是原产品的续费金额减少，而新增的增值产品金额略有增长。至此，我们已经了解到原产品续费金额下降这一现象，接下来需要进一步探究其原因。可能的原因包括：政策变动导致原产品不再适用；市场环境变化使原产品无法满足客户需求；价格因素使客户难以接受，且有替代产品可供选择；产品稳定性较差，影响客户体验；服务质量下降，降低客户满意度等。在此基础上，我们需要收集相关数据，如产品发布次数及功能、停服次数、售后服务满意度、市场竞品销售价格等。

10.4.7 对比分析法

对比分析法，即对两组或两组以上的数据进行比较，是最通用的一种方法。我们知道孤立的数据意义有限，通过对比才能知道差异。例如，时间维度上的同比和环比、增长率、定基比，与竞争对手的比较、类别间的对比、特征和属性对比等。对比法能揭示数据变化的规律，因此被广泛应用，且常与其他方法配合使用。

了解这些方法的特点，能在面临具体问题时选择适用的方式，有利于我们工作的推进。此外需要强调的是，这些分析方法并不仅限于数据分析工作，在其他领域也有广泛的应用，甚至在日常生活中也能找到诸多适用场景。换一个角度思考问题，或许我们就可以发现新的世界。

10.5 数据分析工作感悟

数据分析工作的难度并非在于技术，而在于外部的一些影响因素。正是这些外部因素往往成为决定数据分析工作成果的关键因素。

1. 对数据分析的需求进行识别、分析和引导

在开展数据分析工作时，充分了解公司的业务场景和实际需求至关重要。我们可能收到来自各个部门的分析需求，如总裁办、产品、运营、财务等。在接收到这些需求后，我们需要识别并分析其中的一些关键因素。有些数据分析的结果仅仅是为了满足基本了解，而有些需求则可能对业务发展产生重大影响。因此，我们需要关注那些对业务发展具有重要意义的指标。

在与需求部门进行沟通的过程中，我们要从多个维度评估需求的明确性、重要性、紧迫性和价值度，并对需求干系人进行相应的了解和评估。数据分析团队在收到需求后，应评估工作量，引导需求方合理确定工作优先级。

在设计数据分析指标时，需要注重指标的复用性，避免指标设计时耦合度过高，导致数据大量重复计算。

2. 数据分析的 MVP 打造

做数据分析，迈出第一步是非常重要的，当数据分析框架和技术选型基本确定，数据分析需求基本明确后，我们可以选定一些重要需求，尽快启动整个团队的工作，以尽早产出成果。尽管前期数据分析产品可能不完善，但可以通过后续的调整进一步完善产品，逐步实现稳定易用的目标。

3. 数据分析和用户调研的结合

数据分析不是万能的，它具有指向或参考意义，究其背后的原因，还需要结合用户调研等方式来进行分析。

4. 数据分析的终极意义——赋能业务

数据分析仅为工具而非目标，其实际目的在于赋能业务。我们需要通过数据分析，提供具有实质意义的策略建议，并与业务部门共同探讨。唯有如此，基于数据分析所提出的业务建议方能更具价值，从而使数据分析的价值得以明显体现，图10-8所示是业务基于数据的决策流程参考图。

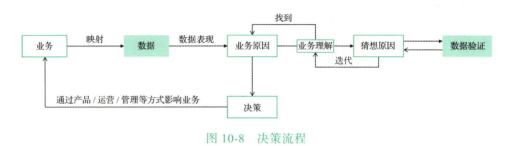

图10-8　决策流程

10.6　本章小结

本章介绍了数据分析在 SaaS 产品中的应用以及作用，数据分析可帮助生成各种各样的指标和标签。10.2 节具体介绍了指标和标签的定义、分类、区别以及设计实例。10.3 节介绍了数据分析平台的搭建过程。10.4 节介绍了几种常见的数据分析方法，10.5 节分享了数据分析工作的几点感悟。

第 11 章

SaaS 与 AI

> 我相信人工智能将改变人类的未来，但必须牢记，人工智能是为了服务人类，而不是取代人类。
>
> ——埃隆·马斯克

人工智能（Artificial Intelligence，AI）近年来一直处于舆论风口，随着 ChatGPT 模型在全球的爆火，AI 终于一改之前的"不智能"形象，开始迅速在各个行业形成落地解决方案，助力各行业的效率提升。

在 SaaS 领域，AI 同样大有可为。AI 在自然语言处理、图像识别、智能推荐等多个领域具备优势，我们在产品发展的过程中，应持续探索使用 AI 技术，帮助提升产品体验。

本章将对 AI 的能力、AI 在 SaaS 产品中的应用，以及 AI 在 SaaS 中面临的挑战等方面进行介绍。

11.1 AI 的主要能力

AI 的整体技术架构是比较复杂的，涉及多个技术领域，这里主要介绍

AI 所能实现的能力。AI 已经在计算机视觉、自然语言处理、语音识别、机器学习等方面取得了长足的进步和发展，这为很多系统接入融合 AI 提供了基础。

11.1.1 计算机视觉

计算机视觉是研究如何使计算机理解和解释图像与视频的学科。它涉及使用计算机算法和技术来模拟和实现人类视觉系统的功能。计算机视觉的目标是让计算机能够感知、理解和分析图像和视频中的内容，从而实现自动化的视觉任务，如图像分类、目标检测、人脸识别、图像识别、图像分割等。通过计算机视觉技术，我们可以让计算机具备类似于人类视觉的能力，从而在各种领域中实现更高效、准确和智能的图像和视频处理。

计算机视觉的应用场景非常广泛，具体如下：

1）图像识别和分类。计算机可以通过图像识别技术，对图像中的物体、场景、人脸、文字等进行自动识别和分类，如人脸识别、物体检测、文字识别、车牌识别等。

2）视频监控和安防。计算机视觉可以应用于视频监控系统，实现对视频流的实时分析和处理，如行人检测、异常行为识别、目标跟踪等，从而提高安防效果和减少人力成本。

3）医学影像分析。计算机视觉在医学领域的应用非常广泛，可以辅助医生进行疾病诊断和治疗，如肿瘤检测、病灶分割、医学图像重建等。

4）自动驾驶和智能交通。计算机视觉是自动驾驶技术的核心之一，可以通过对道路、交通标志、车辆等的感知和分析，实现自动驾驶和智能交通系统的安全和高效。

5）工业质检和机器人视觉。计算机视觉可以应用于工业生产中的质量检测和机器人视觉导航，如产品缺陷检测、零件定位、物体抓取等，以提高生产效率和质量。

以上只是计算机视觉应用的一部分场景，随着技术的不断发展和创新，计算机视觉将在更多领域发挥重要作用。

11.1.2　自然语言处理

自然语言处理（Natural Language Processing，NLP）是一门研究人类语言与计算机之间交互的学科，旨在使计算机能够理解、处理和生成自然语言。它涵盖以下多个方面的内容：

1）语言理解（Language Understanding）。通过分析文本或语音，将自然语言转化为机器可理解的形式。这包括词法分析、句法分析、语义分析等技术。

2）语言生成（Language Generation）。根据机器的理解，将机器生成的信息转化为自然语言的形式，以便与人类进行交互。这包括文本生成、语音合成等技术。

3）信息检索（Information Retrieval）。通过对大量文本数据的索引和搜索，实现对特定信息的快速检索和提取。这包括关键词提取、文本分类、文本聚类等技术。

4）机器翻译（Machine Translation）。将一种自然语言的文本或语音转化为另一种自然语言的文本或语音。这包括基于规则的翻译、统计机器翻译、神经机器翻译等技术。

5）情感分析（Sentiment Analysis）。通过对文本的情感、态度和情绪进行分析，了解人们对特定主题或事件的情感倾向。这包括情感分类、情感词典、情感推断等技术。

11.1.3　语音识别

语音识别是将人类语音转换为文本的技术。它的处理过程包括以下几个步骤。

1)音频采集。通过麦克风或其他录音设备采集用户的语音输入。

2)预处理。对采集到的音频进行预处理,包括降噪、去除杂音等操作,以提高语音信号的质量。

3)特征提取。从预处理后的音频中提取特征,常用的特征包括梅尔频谱系数(MFCC)等。

4)声学模型。使用训练好的声学模型,如深度神经网络(DNN)或隐马尔可夫模型(HMM),将特征与语音识别的概率模型进行匹配。

5)语言模型。使用语言模型来对识别结果进行校正和优化,以提高识别准确性。语言模型可以是基于统计的 N-gram 模型或基于神经网络的语言模型。

6)解码和后处理。根据声学模型和语言模型的结果,进行解码和后处理,得到最终的文本输出。

语音识别涉及的技术包括信号处理、机器学习和自然语言处理等。其中,深度学习在语音识别中得到了广泛应用,如使用卷积神经网络(CNN)或循环神经网络(RNN)进行特征提取和建模。同时,语音识别还需要结合语言模型和后处理技术,以提高识别的准确性和流畅性。

11.2　AI 的主要学习方式

11.2.1　机器学习

机器学习是 AI 的一个分支领域,它通过使用算法和统计模型,使计算机能够从数据中学习和改进,而无须明确编程。机器学习的应用非常广泛,除了前边提到的图像识别、语音识别、自然语言处理等,还包括推荐系统、预测分析、自动驾驶等。

机器学习有多种方式，常见的包括监督学习、无监督学习、半监督学习和强化学习。

1）监督学习（Supervised Learning）。通过给定输入和对应的输出标签，训练模型来学习输入与输出之间的映射关系。在训练过程中，模型通过与标签进行比较来调整自己的参数，以便在未知数据上进行准确的预测。

2）无监督学习（Unsupervised Learning）。在无监督学习中，模型只能获得输入数据，没有对应的输出标签。模型的目标是发现数据中的隐藏结构和模式，例如聚类、降维、异常检测等。

3）半监督学习（Semi-supervised Learning）。半监督学习是介于监督学习和无监督学习之间的一种学习方式。它利用有标签的数据和无标签的数据进行训练，以提高模型的性能和泛化能力。

4）强化学习（Reinforcement Learning）。强化学习是通过与环境的交互来学习最优行为策略的一种学习方式。它通过智能体与环境的交互来学习最优的行为策略。在强化学习中，智能体通过观察环境的状态，采取行动，并根据环境的反馈（奖励或惩罚）来调整自己的行为，以最大化长期累积的奖励。强化学习在许多领域都有广泛的应用，例如机器人控制、游戏策略、自动驾驶等。

机器学习的每种方式都有其适用的场景和算法，具体选择哪种方式取决于问题的性质和可用的数据。

11.2.2 深度学习

深度学习是人工神经网络的一种应用，是机器学习的分支之一。它通过构建多层神经网络来模拟人类的神经系统，从而实现对大量数据的自动分类和预测。深度学习是机器学习领域中的一个新的研究方向，主要通过学习样本数据的内在规律和表示层次，让机器能够具有类似于人类的分析学习能力。深度学习的最终目标是让机器能够识别和解释各种数据，如文字、图像和声音等，从而实现人工智能。

深度学习在许多领域都取得了显著的成果，如语音和图像识别、自然语言处理、推荐和个性化技术等。深度学习的应用范围非常广泛，如搜索引擎、数据挖掘、机器翻译、多媒体学习等。它通过模仿人类视听和思考等行为，解决了许多复杂的模式识别难题，为人工智能技术的发展带来了巨大进步。

11.3 AI 在 SaaS 中的应用场景

现在，AI 已经从早期的概念性产品开始渗透到各行各业，成为各行业提升效率的有效途径。对于 SaaS 产品来说，AI 可以在 SaaS 产品营销、售后咨询、产品能力提升等多个方面提供助力，甚至可以重塑一些产品的功能体验，极大地提升工作效率。

11.3.1 产品能力提升

首先，AI 在语音、图像处理等方面具备了很高的识别度，已经在数据输入等方面体现出效率优势。财税类 SaaS 产品在处理海量图片时，传统 OCR 识别技术因打印清晰度、角度和模板规范性等问题，导致其准确率不尽如人意。过去，这些图片信息主要依赖人工输入或人工核查，如商品品类、金额、票据号等，处理一张票据最快需数十秒，慢则需数分钟。面对清单票据，耗时更长。此外，人工处理容易出现错误。

引入 AI 图像处理技术后，识别准确率显著提升。如今可实现批量上传图片并进行处理，原先烦琐的员工录入工作得以自动化，释放了员工精力。

其次，机器学习能力可以助力业务规则处理自动化。举例说明，在发票 SaaS 产品中，税收分类编码仅有 4000 余种，而商品品类却多达数百万乃至上千万种。为了提高开票效率，我们通常需要将商品品类自动匹配至相应的税收分类编码（此为我国税务政策所要求）。然而，基于传统规则匹配的方式，实际上难以涵盖所有情况，总会遇到各式各样的新的商品，无法完全实现自动化，从而需要人工参与。

基于机器学习技术，我们将匹配规则从人工匹配转为 AI 匹配，处理过程大致如下。

- 数据收集和处理：将数据库中沉淀的大量商品品目和税收分类编码的数据进行处理。对这些数据进行清理和预处理，去除重复数据、处理缺失值等。
- 特征工程：将商品品目和税收分类编码的数据转化为机器学习模型可以理解的特征。使用词袋模型、TF-IDF（词频 – 逆向文件频率）、词嵌入等技术对文本数据进行处理。
- 模型选择和训练：有了特征数据，选择一个合适的机器学习模型进行训练。我们主要是针对文本尝试使用了朴素贝叶斯、支持向量机、深度学习模型（例如循环神经网络）几种模型。
- 模型评估和调整：每次模型训练完成后，我们使用一些评估指标来检查模型的性能，根据准确率、召回率、F1 分数等进行评估。初次运行的模型，往往需要调整模型的参数，如果还是不合适，再尝试使用其他类型的模型。
- 模型部署和使用：经过多次摸索，我们选择了神经网络模型，这个模型准确度较高，能够满足要求，接下来将它部署到生产环境中，再将模型能力封装为接口服务，供业务系统直接调用，实现系统的自动化处理流程。

我们构建了一套系统反馈机制。当用户发现匹配结果存在偏差时，可随时进行调整。这些修改信息可视为对原始数据匹配准确性的补充，并将这些数据予以保存，以供后续模型优化所用。

在经过数月的实践与探索后，我们深感人工智能在处理此类问题方面相较于传统方法具有显著优势。首先，其准确性得以提升；其次，人工智能支持了系统的自动化处理，使得用户在使用过程中体验更为流畅，体验提升明显。

针对大数据量穷举困难的规定匹配问题，人工智能往往表现出了较高的适应性，如财税产品中的会计科目匹配等场景。因此，建议大家关注日常工作中遇到的痛点问题，或许通过应用人工智能，可以找到更优的解决方案。

11.3.2 SaaS 产品营销

在 SaaS 产品营销方面，AI 也能够提供一些助力，比如个性化推荐、产品使用指引、提供快速帮助等。

1）个性化推荐。AI 算法可以分析用户行为和偏好，为用户提供个性化推荐，帮助企业为客户提供更加个性化的体验。

2）产品使用指引。经过调研和数据分析，我们发现用户对产品的认知程度及操作熟练度对其后续体验和续费具有显著影响。然而，我们的服务团队难以准确把握用户当前所遇到的问题。通过调查问卷，我们了解到新用户在产品使用初期三个月内，往往会遇到较多难题。在此期间，不同用户所面临的问题各有差异，这为服务团队带来了较大挑战。全面培训过于耗时，用户时间投入也会很高，部分培训又不容易准确了解客户的问题点。优质的服务是在其刚好需要的时候为其提供服务。为实现此目标，我们需要深入分析用户操作及异常问题，并为其提供匹配的解决方案。目前，我们正在积极探索人工智能在问题诊断的精准性和及时性方面的发展，相较于人类反应速度，AI 具有明显优势，有望为用户带来更优质的服务体验。这是我们持续努力的方向。

3）提供快速帮助。通过官网、App、产品等入口，提供及时的响应，如需要人工沟通，可及时根据用户情况，自动转接售前、客户成功或售后等团队进行支持。

11.3.3 智能客服

智能客服已在多个领域广泛应用，拥有了相对成熟的解决方案。尽管我们偶尔会诟病智能客服的不足之处，但随着数据积累、知识库完善以及对人工智能（AI）应用和理解能力的提升，AI 客服的质量正逐步提高。优秀的 AI 客服在用户体验、企业成本降低等方面表现显著，使得客服团队能够摆脱烦琐的低价值问题处理，更加关注个人成长和团队进步。部分优秀客服人员甚至转型为 AI "训练师"，为 AI 模型提供优质知识内容。

随着 AI 基础设施的发展，训练 AI 客服机器人的成本逐渐降低。例如，我们可以基于大模型，在其基础上为企业定制专属的微调模型，这既避免了高昂的技术投入，又保障了数据安全，是一种成本效益较高的解决方案。

11.3.4 数据分析

AI 在处理数据上的能力，可以帮助我们应用到数据分析领域，比如数据预处理、数据探索与可视化、预测建模、支撑决策等，AI 还可以用于用户画像的标签处理等。

1）数据预处理。利用人工智能可以自动识别和处理数据中的噪声、缺失值和异常值等问题，提高数据质量和准确性。

2）数据探索与可视化。人工智能技术可以对大规模和复杂的数据集进行自动分析和探索，采用无监督学习等方式，进行聚类分析，发现隐藏的模式和趋势，并生成交互式的可视化数据，使得用户更直观地理解数据。

3）预测建模。通过机器学习和深度学习技术，AI 可以根据历史数据建立模型，并预测未来事件或趋势。

4）支撑决策。通过结合数据分析和机器学习技术，AI 可以为决策者提供实时的、基于数据的建议和决策支持。

AI 在 SaaS 产品中将会有越来越丰富的应用场景，随着 SaaS 团队对 AI 理解的加深，技术的进步，AI 一定会和 SaaS 产品多个方向进行深度融合，助力产品发展。

11.4　AI 在 SaaS 产品中面临的 3 个挑战

AI 与 SaaS 产品的结合过程中可能会面临以下挑战，笔者也尝试给出了一些应对的方法。

11.4.1　数据隐私和安全

AI 技术需要大量的数据来进行训练和改进。这意味着在将 AI 与 SaaS 产品结合时，必须确保数据的安全和隐私。我们的客户肯定不希望自己的数据出现在公众的问答中，这可能会伤害其竞争力。

保障数据安全是 SaaS 公司的重要责任，在应用 AI 的过程中，我们必须采用严格的数据安全措施，例如数据脱敏、数据加密、访问控制和安全审计等。同时，需要建立严格的数据使用规定，确保用户数据不会被泄露和滥用。在模型训练过程中，可以采用上文提到的基于大模型的企业专有模型训练方式，保障数据在安全范围内使用，避免敏感数据泄露。

11.4.2　技术集成

将 AI 技术与 SaaS 产品进行集成时，可能会遇到技术上的挑战。AI 技术栈和正常产品迭代的技术栈有所不同，再加上一些 SaaS 公司对 AI 的理解可能不够，这会导致对 AI 的使用面临认知和投入双重障碍。

在开始集成之前，需要详细了解 AI 技术和 SaaS 产品的功能和架构。确定可行的集成方案，并制订详细的技术实施计划。此外，可能需要雇佣专业的技术团队或与外部 AI 公司合作完成 AI 集成任务。

11.4.3 数据质量问题

AI 算法的准确性和可靠性在很大程度上取决于数据的质量。即使是 SaaS 公司，数据质量也存在偏差、缺失或不完整等问题，这些问题会影响 AI 算法的输出结果。另外数据收集工作也可能会变得复杂或低效，阻碍 AI 技术在 SaaS 产品中的应用。

在应用 AI 算法之前，我们需要确保数据的准确性和可靠性，这需要进行数据清洗、数据预处理和数据验证等步骤。此外，可能需要采用一些技术手段来提高数据质量，例如数据挖掘、数据分析和数据可视化等。并且针对一些数据缺失的问题，还需要进行产品迭代或借助一些监控系统，完成基础数据的收集。对一些专业类的问题，甚至可能需要人工进行数据清洗或标注。

11.5 AI 在 SaaS 发展中的作用

在产品的发展过程中，借助 AI 能力，实现产品效率、营销效率、售后效率提升，是重要的发展方向。

- 提高效率：AI 技术可以帮助 SaaS 企业自动处理一些繁重、重复和无效的任务，从而提高企业的工作效率。
- 降低成本：通过 AI 技术，SaaS 企业可以减少人力资源的投入，降低人力成本，同时也可以提高资源的利用效率，从而降低运营成本。
- 提高客户满意度：AI 技术可以自动处理客户服务，快速响应客户的需求，提高客户服务的效率和质量，从而提高客户满意度。
- 增强易用性：通过自然语言与产品的交互，例如文本或语音命令，AI 技术使 SaaS 产品更易于访问和使用，能提高用户效率和生产力。
- 提高数据利用效率：AI 技术可以帮助 SaaS 企业更容易形成适用的算法、模型，从而提高数据的利用效率，促进企业的发展。

对于 AI 和 SaaS 的结合，未来的发展方向可能会是以下几个。

- 提供个性化服务：通过 AI 和 NLP（自然语言处理）等技术，可以自动处理人类语音模式和语音控制，提供更加个性化的服务。
- 提高 SaaS 产品的智能化水平：未来 SaaS 产品的智能化水平将越来越高，可以通过 AI 技术提高 SaaS 产品的自动化和智能化水平。
- 催生新的 SaaS 业态：AI 和 SaaS 的结合可能会催生出一些新的 SaaS 业态，例如基于 AI 技术的智能客服、企业级 AI 训练平台等。
- 提高 SaaS 产品的安全性：通过 AI 技术，可以加强 SaaS 产品的安全性和可靠性，有效保护用户数据和隐私。
- 优化用户体验：通过 AI 技术，可以优化 SaaS 产品的用户体验，提高用户效率和生产力。

AI 将会像互联网一样，成为整个社会的基础设施，与各行各业深度整合。AI 和 SaaS 的融合只是时间问题，期待 SaaS 行业的从业者能够尽早地认知 AI、理解 AI、拥抱 AI。

11.6 本章小结

本章介绍了 AI 的能力、AI 的主要学习方式、AI 在 SaaS 产品中的应用、AI 在应用过程中的问题及解决思路，以及 AI 在 SaaS 产品发展中的作用及助力。希望从业者能正确认识 AI，学会使用 AI，并在实践中使用 AI 解决产品、客户、公司的具体问题。

第 12 章

SaaS 平台展望

> 企业之所以会存在，就是为了要向顾客提供满意的商品和服务。
>
> ——彼得·德鲁克

作为管理大师和现代管理学之父，彼得·德鲁克明确提出企业价值的核心在于为客户提供优质的商品与服务。作为服务企业的 SaaS 企业，其根本任务依然是为企业客户提供满意的商品和服务。

在本章中，我们将对 SaaS 平台的发展趋势进行展望，以便更好地预测其未来走向。为此，我们需要深入了解所服务的客户需求、SaaS 平台的特性，并分析类似市场状况以及未来发展趋势对 SaaS 平台的影响。下面我们将从企业的需求和 SaaS 行业特性两个方面，探索未来可能满足企业需求的产品形态。

12.1 企业的需求

从本质上来说，一个企业的价值具体到财务指标上，就是开源节流。维持企业生存与发展是所有企业都要考虑的问题，SaaS 平台企业自身也需要考虑平台的生存与发展。

12.1.1 开源

追求企业盈利，这是所有正常企业的首要目标。为企业客户提供增收的解决方案与服务，能够直接打动企业客户。如阿里巴巴、美团、抖音等业界领军企业，作为超大型电商平台，能为众多商家带来庞大的C端流量支持，帮助企业实现交易额增长，提升企业收入。

在PC互联网及移动互联网时代，巨头们对流量的争夺，旨在为后续商业营销提供导流，进一步带动企业的营收增长。

12.1.2 节流

在经济快速发展的时代，企业纷纷扩张，对成本控制未必能给予足够的关注。然而，在经济增速放缓之际，开源逐渐变得困难，企业若要提升利润，就必须考虑节流。为此，通过优化内部管理水平和工作流程，提高工作效率，从而降低经营成本，成为企业的必然选择。当前，许多企业在建设或使用各种信息化、数字化系统时，都是希望通过优化工作流程，提升工作效率或降低管理成本。

12.1.3 合规

合规有两个层面：

1）外部的合规。例如随着税法的不断完善、税收征管能力的持续提高，不合规企业的运营日益艰难，生存空间逐渐压缩，违法违规所带来的风险亦不断加大。因此，越来越多的企业开始重视合规问题。合规问题可分为不同类型：一是故意违规，如偷税漏税、开业后迅速注销等；二是无意违规，这类企业管理水平有限，或企业面临实际困难，这类企业需要寻求合理方法实现合规经营。

2）企业内部的合规。内部的合规也可以认为是符合管理的规定，基于各种各样的历史和现状问题，有些管理需求是合理的，有些是不够合理的，企业服务则更应关注合理的管理要求。

合规需求本质上是一种管理需要，解决合规需求实际上是在降低企业的经营风险。

12.2 企业服务的 3 个特点

在企业服务领域中，行业产品较多，其中包括管理类、工具类、服务类、交易类等。我们产品定位于工具与服务的结合，专注于财税服务行业。以下一些观点基于财税服务行业背景进行阐述。

12.2.1 "慢"

企业服务行业的一个特点是各环节周期较长，也就是"慢"，这是与消费者端服务相较而言的。这种"慢"体现在以下几个方面。

1）决策慢。企业形态决定了服务采购行为的影响范围，这不是局限于个别人员，而是影响了多个人或环节，决策者和使用者往往并非同一个人，这与消费者端的行为有很大的区别，再加上企业内决策者、参与者、使用者各方的利益博弈平衡，可能会导致决策效率降低，使决策周期延长甚至无法达成交易。

2）实施慢。在企业服务中，一些较为复杂的服务可能导致企业组织流程受到影响，甚至需要进行组织架构调整。在此过程中，一些人事关系和职责划分需要进行沟通与调整，这也使得实施周期相对较长。

3）见效慢。主要体现在对公司收入的影响上。部分企业服务产品对公司带来的管理价值并不会迅速反映在企业营收上，而是致力于提升公司整体管理水平，有利于企业长远发展。然而，由于这类产品未能立即呈现直接可见的价值，因此企业不易接受这类服务。

企业服务的拓客速度相较于消费者端较为缓慢，然而，正是这种缓慢体现了企业服务的独特魅力——一旦客户决定使用，其流失率也相对较低。这是因为决策、实施和更换过程同样耗时较长，且成本较高。这种慢的特性在以管理为主的一些大中型企业及重管理的企业服务产品中尤为明显，而对于中小型企业及工具类的企业服务产品来说，交易周期相对较短。

12.2.2 过度定制

企业需求是多种多样的，不同企业之间存在互相矛盾的需求甚至截然相反的需求。对于 SaaS 平台，初期设计的一些简单实用功能可以满足大部分使用场景。但随着用户数量增长和范围扩大，非典型需求——即相对个性化需求逐渐显现。

从产品人员视角，这些需求或许不具有代表性，但从销售价值角度看，实现这些需求能带来收益，满足客户需求成为达成业绩的必要条件。此时若为了业绩满足不同客户需求，可能导致系统复杂化，容易失去简单便捷的特性。

平台型产品，不同于传统软件的定制化开发产品，定制型 ERP 为满足企业需求，可进行定制化开发，较少考虑其他用户使用。平台型产品需要同时为众多客户提供服务，如果不能准确定位和把控，很容易在纷繁复杂的需求中偏离产品的预定方向，导致产品难以发展和维护。

12.2.3 场景化要求高

企业服务对于使用场景的要求是很高的。部分从传统企业转型的 SaaS

服务商，习惯以项目交付的思维做 SaaS 产品，设计的功能基本可用，但用户使用的体验不是很理想，无法满足客户的效率及易用诉求。

企业客户对于使用的产品服务往往是和其他环节的工作相关联的，如果仅考虑当前的功能，则不能满足企业的实际使用需求，线上化后，适应起来比较困难。所以，企业服务产品越来越需要基于场景来设计产品，考虑更多产品功能以外的情况和场景，这样才能够真正提升企业的效率。

12.3 企业选择企业服务的痛点

在探讨如何打造优质企业服务产品之前，我们还需要先了解企业的诉求，站在企业的角度去思考他们在选择企业服务产品时所面临的挑战。

在实际操作中，企业选用软件产品需要考量诸多因素，例如：产品是否契合企业需求、易用性、安全性、稳定性，服务商的研发实力，报价合理性，以及持续服务能力等。此外，还需要审阅各类合同、支付款项、发票，以及线下实施和流程梳理等环节。整个软件服务选购过程，耗时不一，短则两三个月，长则半年甚至更长。

值得注意的是，随着云服务平台的迅速崛起，部分企业已逐渐适应云平台模式。尤其是一些具有行业影响力和公信力的云平台，企业在选购过程中，商务对接和沟通的成本已大幅降低。

1. 产品选择困难

产品的功能满足度，需要对产品有充分的了解才能评判，并且一般也需要专业人士才能分析是否真的满足需求，公开市场上很少看到客观专业的评价。

所以想了解企业产品的真实情况，是否真正满足自己的需求，对于一般企业而言存在一定困难，需要投入一些时间。

2. 报价不透明

当前的企业服务领域存在报价不一的现象。对于标准化的、工具化的服务，情况相对较为简单。一旦涉及具有一定复杂度的产品，便会呈现出各式各样的套餐和报价方案，令人眼花缭乱。若用户在议价环节具备较强的能力，或许可以争取到更优惠的价格，但多数人可能并不具备这样的议价实力。

3. 数据不流转

一般企业在不同的场景下会采购不同的产品服务，而 SaaS 产品之间的数据互通现状仍然面临挑战，能否解决这个问题，取决于各平台公司的产品发展战略，那些重视生态建设的公司，能够提供的服务就会更全面。

企业经营活动的每一笔收入与支出，最终都会体现到企业财务报表上，企业经营的特性如此。对于数据在不同系统间的流转，企业有着迫切需求。只有实现数据流转，才能方便企业管控、提升运营效率，并充分发挥数据的价值。反之，若各系统间存在数据孤岛，将极大地影响企业运营效率。

数据流转是企业与个人对产品服务需求的重要差异。许多企业投入大量精力构建数据中台，旨在解决数据孤岛问题。可共享和流转的数据本身就是企业的宝贵资产，也是实现企业数字化、智能化运营的基础。

4. 产品体验不够好

产品体验不够优秀，是企业在选择企业服务后才会面临的一项挑战，但这一问题在企业调研和选购过程中无疑会对其选择产生影响。整体而言，产品体验是需要整个企业服务行业不断改进、不断完善的。相信随着科技的发展、企业服务产品的持续积累，以及更多资金和资源的注入，企业服务行业的整体产品水平将得到大幅提升。

在可预见的未来，企业服务产品有望达到与 C 端产品类似的优秀用户体验，从而使优秀的产品体验成为企业服务产品的标配。回顾几年前，企业服务行业的产品体验尚不尽如人意，然而经过几年的发展，很多产品已表现出明显的进步。

12.4 SaaS 行业的困境

目前 SaaS 类企业服务产品主要涵盖客户管理、协同办公、客服系统、人力资源管理、报销管理、工商法务服务、发票管理、财税管理、供应链管理等领域。然而，在行业内通过 SaaS 服务直接实现盈利的企业数量总体较为有限。我国企业服务行业发展水平同经济发展水平是不相称的。

1. 市场需要培育

我国企业整体的信息化、数字化水平相对较低，许多企业对于企业信息化、数字化的理解尚不深入，市场热情尚待提高。部分企业对 SaaS 类云服务的信任度不足，担忧服务平台的稳定性，以及担心客户信息与商业数据泄露所带来的风险。

2. 重视程度低

几年前，我国整体的经济发展速度较快，企业盈利相对容易，多数企业纷纷扩张疆土。在"开源"盛行之际，"节流"的必要性往往容易被忽视，多数企业的共识是优先扩大营业收入实现盈利的增长。近年来，随着经济下行压力加大，"开源"已不再容易，企业被迫寻求降低成本、提高效益的途径。而企业信息化、数字化升级有助于提升经营效率，这将对企业服务行业产生积极影响。

3. 盈利周期长

企业服务领域的发展需要经历较长的周期，其中包括商业模式的探索、产品的优化、市场营销策略的制定、运营体系的构建，到实现规模效应并达到盈利目标。这一过程往往耗时较长。

近年来，企业服务赛道的投资趋势呈现出投资笔数减少，而单笔投资额增加的特点（此处数据来源为一级市场公开数据）。从宏观角度来看，这可以解释为资本持续加大投入，押宝头部平台；从另一角度来看，这也反映出新的投资项目在减少。

4. 人才缺乏

企业服务细分领域较多，而针对企业客户（ToB）的需求往往较之面向消费者（ToC）的更为复杂。因此需要更为专业的人才的加入，他们需要对行业本身有足够的理解，对新技术有足够的兴趣和了解，思维上足够开阔，而这样的复合型优秀人才在市场上颇为稀缺。

12.5 对 SaaS 平台建设的建议

企业服务 SaaS 平台在国内部分行业中发展迅速，但总体而言，尚处于探索阶段。针对短期内企业服务的发展问题，笔者尝试提出以下建议。

12.5.1 技术场景化

场景化的设计是弥合技术专业人员与业务人员之间沟通鸿沟的最有效

方法。只要能解决企业面临的实际问题，多数企业便能够认可产品价值。当前，企业服务行业充斥着各种技术名词和创新成果，然而，对于广大企业客户而言，他们关注的核心在于问题能否得到解决，而非技术细节。因此，针对许多工具类 SaaS 产品，在市场中不应过度强调技术理念，而应着重展示其实际问题解决能力。

场景化应紧密结合客户实际需求，提高企业运营效率，避免空洞或自创应用场景。但这不代表企业服务产品不需要创新，而是这些创新要和用户场景结合，实际上这类创新在企业端相较 C 端更为困难，因为企业决策过程复杂，需要考虑的因素众多，过于激进的方案往往容易遭受否决。

此外，场景化还需要考虑到 SaaS 服务之外的工作，具备延伸性，以便解决企业更多问题。技术只有服务于场景、应用于场景，才能切实解决实际问题，才能够被市场接受。

12.5.2 产品即服务

产品即服务，包含两层含义，一是产品本身即服务，二是 SaaS 平台提供产品与服务，下面主要针对前者展开讨论。

产品自身即服务的理念，与软件系统的发展阶段有关。企业信息化时代，是人驱动系统，工作以人为中心；企业数字化建设，是系统驱动人，系统成为中心。

产品即服务，是需要通过系统直接完成精准交付，系统需要根据人员的指令，完成所有的操作。这要求系统的数字化、自动化程度更高。

部分企业服务行业需要向智能化方向发展，提供更科学的交付结果，比如：

- 财税领域，可以把所有标准化的操作，全部交由系统完成，并贯穿整个流程。

- 人力资源领域，通过大数据分析，可以直接匹配更合适的人才。
- 客户服务领域，智能机器人代替客服人员提供准确的解答服务。

各个行业都需要找到合适的切入场景，逐步践行产品即服务。

12.5.3 打造公信力

从目前的发展情况来看，SaaS 服务平台需要提升品牌知名度和公信力，比如云服务市场，已经到了快速增长周期，大家对于云服务的认可度普遍提升。

打造公信力需要考虑以下几个方面：

- 需要提供稳定可靠的平台服务，稳定性和安全性是企业客户所担心的痛点。
- 市场需要宣传，以此来确立品牌知名度及行业地位。
- 吸引行业专家加入，能够起到比较好的宣传作用，提升客户信心。
- 树立行业案例，起到示范作用。根据行业 SaaS 平台的经验，一般需要树立典型案例，然后才能更好地向中小客户覆盖。

企业级 SaaS 服务若要实现繁荣，就要克服诸多难题，需要汇聚众多创业者、资本、人才、企业用户的加入，经过持续优化、不断完善、持续拓展广度和深度，以及实现不同领域的生态融合，才能逐步走向成熟。

12.6 中小型企业视角预测 SaaS 平台的未来

上一节从 SaaS 平台建设的角度提出了一些建议。然而，站在企业的角度来看，它们需要的是什么样的产品呢？企业服务的目标是帮助企业降低成本、提高效益，如何最大限度地实现这一目标是整个 SaaS 行业共同努力的方向。在短期内，各厂商可以通过不断迭代和优化产品，解决企业的使用问题。从长远来看，这些系统还需要进行整合，使企业数据能够顺畅流动，构建企业服务生态，从而最大化企业经营的效率。我们可以将这样的生态称为"企业操作系统"。

12.6.1 众多中小型企业需要一站式服务

在对 ToB SaaS 服务进行更简洁的分类时，我个人认为可将其划分为两大类：

1）围绕企业交易类的服务，包括商城、物流、支付、营销和技术等领域。几年前，时任阿里巴巴 CEO 的张勇曾提出商业操作系统的理念。对于我国众多中小微企业而言，商业操作系统将带来极大的便利，提升运营效率，侧重于扩大企业的交易规模，为中小型企业直接带来营业收入。

2）围绕企业管理类的服务，包括当前众多的各类 SaaS 服务平台。目前这类企业服务大多处于平台建设阶段，且主要集中在垂直领域，能够提供全面能力的平台很少。要想为小微企业提供全方位的服务，需要一个生态系统解决企业面临的采购、报销、发票、财税、运营、工资、社保、协同等企业运营方面的需求。这个生态系统可以称之为"企业操作系统"。

对于众多中小型企业而言，可靠的一站式服务能够显著降低沟通成本、系统建设成本、系统操作成本（包括不同平台间的切换成本及数据流转成本），从而提升企业运营效率。企业操作系统的生态构建对众多中小型企业具有吸引力，未来企业操作系统有望构建起相对完整的企业连接网络，提供供销一体的网络服务能力，并结合营销能力，进一步增强对企业的吸引力。

目前头部平台已经展开探索，尚处于早期阶段，企业操作系统将是一个庞大的生态体系。

12.6.2 建设企业操作系统的思考

为了真正为企业提供高效价值，企业操作系统应致力于解决以下几个关键问题：一是提供便捷且高效的应用；二是提供多样化且可选的插件服务应用；三是建立公开透明的评价体系；四是支持基于企业数据流转的全流程应用。值得注意的是，实现应用的多样化和企业数据在不同应用之间的顺畅流转，具有一定的建设难度。

现在部分平台已具备提供统一、基础的组织架构和登录服务等能力。后续为实现应用端高效易用的全流程产品服务，数据流转的痛点就必须解决。

我们以一个日常采购的示例来说明数据流转带来的便捷性：在办公用品采购完成后，采购人员应能线上获取相应的电子发票。在报销环节，需能直接获取用户在采购应用中的订单数据及发票。报销流程完成后，便可直接实施线上支付。后续财务核算时，财税系统应能将订单、发票、支付等数据自动生成记账凭证。

应用间数据的打通是下一步为企业用户提供操作系统级服务的基础，也是操作系统生态平台必然要考虑的问题。

企业操作系统想要实现不同应用间的数据流转畅通，需要各个 SaaS 平台有动力去做数据互联互通的产品建设，这需要大量用户的参与，带来大量的可持续收入，只有这样才能推动企业操作系统的建设，而这又要求建设平台具备大量的企业流量，能够为各合作 SaaS 平台带来实际利益。在这种商业模式下，生态平台可通过抽成实现盈利，各 SaaS 服务公司则以软件销售获取利润。

企业操作系统布局者可采取直接投资、收购或自主建设的方式，进入各大主流领域的 SaaS 平台，实现生态连接。此类模式属于重资产运营，在应对细分领域的应用方面存在局限，难以满足个性化用户需求。此外该模式可能导致信任危机，作为布局者，既担任裁判员又扮演运动员角色，可能使得众多 SaaS 平台不敢与其展开深度合作。所以操作系统生态建设方需要处理好这些问题，设定好平台规则并遵守规则，以打消合作 SaaS 平台的顾虑。

企业操作系统生态的构建，无论是采用平台模式还是自主建设模式，都需要有充足的企业流量作为支撑，以保障其持续发展并形成健康成熟的生态。针对易于标准化的中小微企业服务，未来或将与消费端市场类似，大部分企业流量有望汇聚至几个头部生态体系之中。

12.6.3 SaaS 平台走向的预测

构建大型平台以实现商业操作系统和企业服务操作系统，离不开海量企业流量的支撑，这样才能保证生态系统的稳健运行。首先，能够建立企业操作系统的平台寥寥无几，交易类平台具备较大优势，因为它们能为企业直接创造收益，并对企业产生较强的影响力。其次，高频场景服务平台也占有一席之地，如收银类、报销类、发票类平台等，它们是优质流量入口。最后，服务较重、黏性较强的平台具有优势，如财税平台、各类管理系统等，由于其不易被替代，因此具有较高的稳定性。

然而，要打造企业操作系统，除大量企业流量外，还需要充足的资金、人才、资源投入，这样才能构建生态系统，挑战很大。

在众多 SaaS 平台中，部分平台可能受到大平台投资或收购，独立发展的平台需要有其自身特色，形成一定壁垒，这样平台才能更好地保持其竞争能力。

12.7 大中型企业视角预测 SaaS 平台的未来

对于大中型企业来说，更加需要企业操作系统，但这个操作系统的建设难度，要比中小型企业的复杂度高得多，获客逻辑也产生了变化，类似中小型企业 C 端的流量导入模式，可能会难以奏效，大中型企业的决策链更长，系统采购流程更为复杂，并且业务形态也更为复杂。

部分大中型企业会采用核心系统私有化部署的模式。这一类不是 SaaS 平台的客户，但可能是私有化 SaaS、传统产品公司、项目公司的目标客户群体。

部分大中型企业可能会部分采用 SaaS 产品，部分采用定制开发的模式，这对 SaaS 平台提出了较高的建设要求。一是建立基于 API（应用程序编程接口）开放平台，允许企业客户通过接口方式完成数据交换；二是建设 PaaS 平台，在 PaaS 基础能力上，为客户提供自主定制能力，可以通过拖拽组件方式或基于整合的低代码平台实现定制开发。

对于整个 SaaS 行业来说，无论是企业操作系统还是大型的 PaaS 平台，本质上都是在建设 SaaS 产品生态，我们倡导建立 SaaS 平台联盟，通过平台间的协作完成数据的打通，以支撑客户业务数据的流转，高效支撑业务发展。SaaS 平台能力互相整合，一次对接实现众多客户的复用，让企业客户实现开箱即用，降低了整体建设成本，这需要整个 SaaS 行业的共同努力，期待同行业的伙伴们携手共进，提升客户服务意识，共同为客户提供优质的产品服务，这样整个 SaaS 行业生态才会更加繁荣。

12.8　本章小结

本章首先介绍了企业服务的特点，然后介绍了企业选择企业服务的痛点，并对 SaaS 平台的现状进行了分析，最后对 SaaS 平台的建设提出了几点建议，预测了中小型企业 SaaS 平台和大中型企业 SaaS 平台的发展方向。

后记

写作本书居然花费了两年时间，其间写写停停。经过这两年的实践，最初的一些想法、思路也在不断地调整，而且我的认知、能力和文笔均有限，有些观点可能有失偏颇，望各位朋友理性参考。

在写这篇后记时，正值市场上出现一些不看好 SaaS 的声音，认为中国和美国国情不同，很多在美国被市场接受的 SaaS 产品或方法，搬到中国并不适用。有些观点确实有其道理，目前所面临的困难也是客观存在的，但同时我认为这只是 SaaS 发展过程中的必经阶段，很多事物在发展过程中都会遇到挫折。

我相信规律的魅力。SaaS 本质上是一种能力的复用，具备边际效应，即可以达到使用人数越多成本越低的效果。符合市场需求的 SaaS 产品，其体验和成本优势都是明显的，虽然在一段时间内遇到一些问题，但从长远来看，随着产品和技术的成熟、行业规则的清晰、行业生态的发展，客户会切实感受到产品所带来的便捷以及合适的价格定位，它一定会被市场接受和认可。

我们现在要做的，就是打造符合市场需求的 SaaS 产品，优秀的产品加上正确切入市场的方式，再加上良好的客户服务，我相信 SaaS 平台最终一定会取得成功。

事实上，我所从事的 SaaS 细分领域，经过七八年的快速发展，已经实现了良好的盈利水平，平台利润率是可观的，虽然规模还不够大，但市场认可度、客户口碑都不错，续费率也高，这正是做 SaaS 的魅力所在。

选择好方向，为市场匹配一个好的产品，坚持做下去，平台发展自然会逐步进入良性的循环。

最后，再次感谢我的领导、我的团队伙伴，以及为 SaaS 的发展添砖加瓦的朋友们，正是大家的坚持、努力与协作，才会使 SaaS 有更美好的未来！

饶森林

推荐阅读

推荐阅读

To B增长实战：获客、营销、运营与管理
ISBN：978-7-111-71013-4

这是一本指导To B企业实现客户、销售、业绩等高效、持久增长的实操手册，是多位To B企业一线从业者的多年实战经验总结。本书涵盖获客、营销、销售、客户成功、生态建设、企业管理等影响To B企业增长的所有节点，其中既有对一线增长工作的落地指导（比如内容营销、ABM、数字营销、活动营销等），也有对顶层策略的深入解读（比如年度市场计划、生态建设、组织构建等），还有作者在实践过程中遇到过的各种问题及其解决办法（比如内容营销的误区、SEO常见问题等）。

To B增长实战：高阶思维与实战技能全解
ISBN：978-7-111-74427-6

这是一本从实战角度切入，深度解读To B企业如何实现业绩快速、持续增长的专业指导书。作为《To B增长实战：获客、营销、运营与管理》（主要面向初中级To B从业者）的进阶，本书针对的是To B领域中高级读者，站在企业甚至整个To B领域的高度对所有内容进行解读。本书延续了上一本书只讲干货不讲理论的优点，无论是战略、计划、品牌、生态，还是官网、社群等营销工具，甚至包括人才、团队等营销执行主体，都以落地执行为目的，以真正帮助企业产生业绩为原则进行介绍。